SCHMITT 1964

ŒUVRES COMPLÈTES

DE

SIR WALTER SCOTT

Traduction Nouvelle.

PARIS,
LIBRAIRIE DE CHARLES GOSSELIN,
rue Saint-Germain-des-Prés, N° 9.

M DCCC XXXIII.

ÉVERAT, IMPRIMEUR.

OEUVRES COMPLÈTES

DE

SIR WALTER SCOTT.

TOME QUATRE-VINGT-UN.

IMPRIMERIE D'ÉVERAT,
RUE DU CADRAN, N° 16.

CONTES DE MON HOTE.

(Tales of my Landlord.)

4ᵉ ET DERNIÈRE SÉRIE.

TOME PREMIER.

ROBERT,
COMTE DE PARIS.

> Sainte-Sophie et sa coupole d'or ;
> Constantinople assise aux confins des deux mondes ;
> Des bosquets de cyprès les retraites profondes.
> Sur les bords opposés ce front majestueux
> Que le divin Olympe élève jusqu'aux cieux ;
> Ces douze îles sur l'onde étalant leur verdure,
> Inimitable aspect, ravissante peinture,
> Dont la belle Marie enivrait ses regards.
> LORD BYRON, *Don Juan*.

CONTES DE MON HOTE,

RECUEILLIS ET MIS AU JOUR

PAR JEDEDIAH CLEISHBOTHAM,

Maître d'école et sacristain de la paroisse de Gandercleugh.

INTRODUCTION.

Il me conviendrait mal à moi, dont le nom s'est fait connaître à l'étranger à la faveur des premiers recueils portant le titre de *Contes de mon Hôte*, et qui suis disposé à croire, grâce aux assurances candides d'une foule nombreuse de lecteurs, que je mérite non-seulement une vaine gloire, mais aussi les récompenses plus fructueuses du métier d'écrivain lorsqu'il est couronné par le succès ; il me conviendrait mal, dis-je, de laisser entrer dans le monde le plus jeune enfant de ma plume, et en même temps celui qui sera probablement le dernier de ma vieillesse, sans offrir quelques modestes apologies de ses défauts, comme c'était mon habitude dans de semblables occasions. Le monde a été suffisamment instruit de cette vérité, que je ne suis pas la personne à laquelle on doit attribuer l'invention ou le dessin des plans sur lequel ces contes, que le lecteur a trouvés si agréables, furent primitivement construits, pas plus que je ne suis l'ouvrier actuel qui, pourvu par un habile architecte d'un plan exact où étaient comprises des élévations et des directions tant générales que particulières, a travaillé depuis à compléter la forme et les proportions de chaque division de l'édifice (1). Néanmoins je suis incontestablement celui qui, en plaçant son nom en tête de l'entreprise, s'est rendu principalement responsable de son succès général. Lorsqu'un vaisseau de guerre part pour le combat, chargé d'un équipage de nombreux matelots et d'officiers de différens grades, on ne dit pas que ces individus subordonnés à d'autres ont perdu ou gagné le vaisseau qu'ils défendaient ou qu'ils attaquaient (bien que chacun d'entre eux fût assez actif dans ses diverses attributions); mais on répand partout le bruit, sans y ajouter d'autres phrases, que le capitaine Jedediah Cleishbotham a perdu tel *soixante-quatorze* ou gagné celui qui, grâce aux efforts réunis de tous, a été pris sur l'ennemi. Ce serait de la même manière une honte, si moi, le capitaine volontaire et le fondateur de ces ouvrages, m'étant en trois différentes occasions attribué les émolumens et la réputation qui en étaient le résultat, je voulais esquiver les périls de cette quatrième et dernière entre-

(1) Le lecteur doit remarquer que Walter Scott fait parler ici Jedediah Cleishbotham, qui attribue les *Contes de mon Hôte* à Peter Pattieson. (*Note du Traducteur.*)

prise. Non ! je m'adresserai plutôt à mes associés avec le courage constant de l'héroïne de Mathieu Prior.

« T'ai-je seulement proposé de m'embarquer avec toi sur la surface unie d'une mer d'été, et d'abandonner les ondes pour retourner sur le rivage lorsque les vents souffleront et que les vagues seront agitées (1) ? »

Il conviendrait aussi peu à mon âge et à ma position de ne point reconnaître sans chicane certaines erreurs qu'on pourra trouver avec justice dans cette quatrième série des *Contes de mon Hôte*. — Ce dernier ouvrage ne fut jamais revu ni corrigé par M. Peter Pattieson, puisque celui-ci n'existe plus — c'est le même et digne jeune homme dont le nom fut si souvent répété dans ces introductions, et jamais sans ces éloges sur son bon sens, ses talens et même son génie, que l'aide qu'il prêtait à mon entreprise lui donnait le droit de réclamer de l'ami et du patron qui lui survit — ces pages, je l'ai dit, furent l'*ultimus labor* de mon ingénieux ami : mais je ne dis pas, comme le grand docteur Pitcairn de son héros : *ultimus atque optimus*. Hélas ! l'étourdissement qu'on éprouve sur la route de fer de Manchester n'est pas aussi dangereux pour les nerfs que des voyages trop fréquens dans les chars rapides du monde idéal ; ils tendent à rendre l'imagination confuse et à frapper le jugement d'inertie ; c'est une remarque qui a été faite dans tous les siècles, non-seulement par les érudits, mais encore par beaucoup d'Offelis eux-mêmes, à l'esprit épais. La marche rapide de l'imagination dans de tels exercices, où les souhaits de l'écrivain sont pour lui comme la ta-

---

(1) Ballade de *la Belle Brune*.

pisserie du prince Hussein dans les *Contes orientaux*, est-elle la cause principale du danger?—ou, sans nous arrêter à la fatigue de ce mouvement, l'habitation continuelle dans ces régions de l'imagination est-elle aussi peu convenable pour l'intelligence de l'homme qu'il l'est pour sa construction physique de respirer pendant trop long-temps «—l'air subtil du sommet des montagnes? » — c'est une question qui ne m'appartient pas ; mais il est certain que nous découvrons souvent, dans les ouvrages de cette première classe d'hommes, des signes d'égarement et de confusion qu'on n'aperçoit pas aussi fréquemment dans ceux des personnes auxquelles la nature a donné une imagination dont les ailes sont plus faibles ou le vol moins ambitieux.

Il est pénible de voir le grand Michel Cervantes lui-même, semblable aux fils d'hommes plus simples, se défendre contre les critiques de l'époque, qui l'attaquaient sur quelques petites contradictions et inexactitudes qui sont sujettes à obscurcir les progrès d'un esprit même aussi supérieur que le sien, lorsque les ombres du soir commencent à l'envelopper.

« — C'est une chose fort ordinaire, dit Don Quichotte, que les hommes qui ont obtenu une grande réputation par leurs ouvrages avant qu'ils aient été imprimés, la perdent entièrement, ou du moins en grande partie, après. — La raison en est bien simple, répondit le bachelier Carrasco ; leurs fautes sont plus facilement découvertes lorsque les livres sont imprimés et plus soigneusement examinés ; et surtout si l'auteur a été beaucoup vanté auparavant, la sévérité de l'examen en est d'autant plus grande. Ceux qui se

INTRODUCTION.

sont créé un nom par leur propre génie, les grands poètes et les historiens célèbres, sont ordinairement, sinon toujours, enviés par une classe d'hommes qui trouvent leurs délices à censurer les ouvrages des autres, bien qu'ils ne soient pas capables de rien produire eux-mêmes. — Cela n'est pas surprenant, reprit Don Quichotte; il y a beaucoup de théologiens qui feraient de fort mauvais prédicateurs, et cependant qui sont assez prompts à trouver des défauts et des paroles superflues dans les sermons des autres. — Tout cela est vrai, dit Carrasco, et je désirerais que de pareils censeurs fussent plus miséricordieux, eussent moins de scrupules et ne s'attachassent pas avec si peu de générosité à de petites taches qui ne sont que des atomes sur la surface d'un brillant soleil. Si *aliquando dormitat Homerus*, qu'ils pensent combien de nuits il se tint éveillé pour présenter ses nobles ouvrages à la lumière, aussi peu obscurcis de défauts que possible. Et il arrive souvent que ce qui est critiqué comme une faute est plutôt un ornement, de même que des signes ajoutent souvent à la beauté du visage. Quand tout est dit, celui qui publie un livre court de grands risques; car il n'est pas probable qu'il en ait composé un capable d'obtenir l'approbation de toutes les classes de lecteurs. — Il est sûr, repartit Don Quichotte, que celui qui parle de moi ne peut avoir plu qu'à un petit nombre. — C'est tout le contraire, répondit Carrasco; car comme *infinitus est numerus stultorum*, de même un nombre infini a admiré votre histoire. Quelques-uns seulement ont accusé l'auteur d'un manque de mémoire ou de sincérité, parce qu'il oublia de donner des détails sur la manière dont l'âne de Sancho fut volé. Cette particularité n'est pas mentionnée ; on voit seulement, par l'histoire, qu'il fut pris, et cependant, plus tard, nous voyons l'écuyer monté sur le même âne, sans qu'aucune lumière soit jetée sur cette affaire. Puis on dit encore que l'auteur oublie d'apprendre au lecteur ce que Sancho fit des cent pièces d'or qu'il trouva dans le porte-manteau de la Sierra-Morena, car on n'en dit pas un mot non plus ; beaucoup de gens désirent savoir ce qu'il en fit et comment il les dépensa. C'est un des principaux points sur lesquels l'ouvrage est jugé défectueux. — »

Aucun lecteur ne peut avoir oublié combien Sancho est amusant lorsqu'il éclaircit les obscurités auxquelles le bachelier Carrasco fait allusion ; mais il reste encore assez de semblables *lacunæ*, inadvertances et méprises, pour exercer le génie de ces critiques espagnols qui s'estimaient trop dans leur sagesse pour profiter des aimables et modestes excuses de cet immortel auteur.

Si Cervantes l'eût voulu, il n'y a pas de doute qu'il aurait pu s'excuser sur sa mauvaise santé et les souffrances qu'il éprouvait en finissant la seconde partie de *Don Quichotte*. Il est évident que les intervalles que la maladie laissait à Cervantes n'étaient pas bien favorables pour revoir des compositions légères et corriger au moins les erreurs les plus grossières et les imperfections que chaque auteur devrait, quand cela ne serait que par amour-propre, effacer de ses ouvrages avant de les exposer à la lumière du grand jour, où l'on pourra les apercevoir distinctement, et où il ne manquerait pas d'ailleurs de personnes officieuses qui se chargeraient de les faire remarquer.

Il est temps maintenant d'expliquer dans quel dessein nous avons rappelé les légères erreurs de l'inimitable Cervantes, et ces passages dans lesquels il a plutôt défié ses adversaires qu'il n'a plaidé sa propre cause ; car je suppose qu'on reconnaîtra facilement que la distance est trop immense entre le génie de l'Espagne et nous-mêmes, pour nous permettre de nous servir d'un bouclier qui n'était formidable que par la main vigoureuse dans laquelle il était placé.

L'histoire de mes premières publications est connue. Je n'abandonne pas non plus le dessein de terminer ces *Contes de mon Hôte* qui ont eu une aussi heureuse fortune ; mais la mort qui s'approche de nous tous d'un pas silencieux renversa dans sa fleur l'ingénieux jeune homme à la mémoire duquel j'ai composé une épitaphe et érigé, à mes propres frais, ce monument qui protège ses restes au bord de la rivière Gander, qu'il a contribué à rendre immortelle, dans un lieu de son propre choix et peu éloigné de l'école qui est sous ma direction. En un mot, M. Pattieson me fut ravi pour un monde meilleur.

Je ne bornai pas seulement mes soins à cette gloire posthume, mais je fis l'inventaire des effets qu'il laissa, et je les conservai, principalement une petite garde-robe, quelques livres imprimés, d'une plus grande importance, ainsi que certains manuscrits tachés que je découvris dans son armoire. En les parcourant je vis qu'ils renfermaient deux contes, appelés l'un *Robert, comte de Paris*, l'autre, *le Château périlleux ;* mais je fus sérieusement désappointé en m'apercevant qu'ils n'étaient nullement dans cet état de correction qui aurait porté toute personne expérimentée à s'écrier, dans le langage technique de la librairie : « Bon à mettre sous presse. » Il y avait non-seulement *hiatus valde deflendi*, mais de graves anachronismes et autres méprises, qu'aurait effacées une révision faite à loisir, si M. Pattieson avait eu le temps de la faire. Après avoir parcouru attentivement ces manuscrits, je me flattai que, malgré leurs défauts, ils contenaient çà et là des passages qui prouvaient que de pénibles souffrances n'avaient pas été capables d'éteindre cette imagination brillante que le monde littéraire s'était plu à reconnaître dans les créations des *Puritains d'Écosse*, de *la Fiancée de Lammermoor*, et autres contes. Mais je rejetai cependant le manuscrit dans un tiroir, résolu de ne point le soumettre à l'épreuve Ballantynienne (1), jusqu'à ce que je pusse obtenir l'assistance de quelque personne capable de suppléer à ce qui manque, de corriger les erreurs, afin qu'ils pussent être offerts au public, ou peut-être que des occupations sérieuses me permissent d'employer moi-même mon temps à cette tâche.

Tandis que j'étais dans cette incertitude, je reçus la visite d'un étranger ; il me fut annoncé comme un jeune homme désirant me parler pour affaire particulière. Je pensai aussitôt qu'il était question d'un nouvel écolier ; mais cette idée fut tout-à-coup réprimée en observant que l'extérieur de l'étranger était, au degré le plus remarquable, ce que mon hôte de l'auberge de sir William Wallace appelle *grenu* dans

---

(1) L'imprimeur des *Contes de mon Hôte* se nomme Ballantyne. (*Note du Traducteur.*)

sa phraséologie. Son habit noir avait du service, son gilet d'étoffe grise attestait par des signes plus visibles encore qu'il avait assisté à plus d'une campagne, et la troisième pièce de sa toilette avait encore plus de droits que les deux autres aux invalides. Ses souliers, chargés de boue, attestaient que son voyage avait été pédestre; et un *mawd* de couleur grise, ou *plaid* de berger, qui flottait autour de sa taille amaigrie, complétait un équipement qui, depuis le temps de Juvénal, a toujours été la livrée d'un pauvre savant. Je conclus donc que je voyais un candidat pour la place vacante de sous-maître, et je me préparai à écouter ses propositions avec la dignité qui convenait à ma position. Mais quelle fut ma surprise lorqu'il se trouva que j'avais devant les yeux, dans la personne de ce rustique étudiant, Paul, le frère de Peter Pattieson, venu pour recueillir la succession de son frère, et qui semblait n'avoir pas une mince idée de la valeur de la partie de cette succession qui consistait en productions de sa plume !

Par le rapide examen de sa personne, je m'aperçus que ce Paul était un garçon rusé, ayant quelque teinture des lettres, comme son frère si regretté, mais totalement dépourvu de ces qualités aimables qui m'avaient souvent porté à me dire intérieurement que Peter était, comme le fameux John Gay, — « un homme pour l'esprit, un enfant pour la simplicité. — » Il attachait peu d'importance à la garde-robe de mon défunt ami; les livres n'avaient pas beaucoup plus de valeur à ses yeux : mais il demanda d'un ton péremptoire d'être mis en possession des manuscrits, alléguant, avec obstination, qu'aucun marché positif n'avait été terminé entre son défunt frère et moi, et enfin produisant à ce sujet l'opinion d'un greffier ou d'un homme d'affaires, sorte de personnes avec lesquelles j'ai toujours eu soin d'avoir aussi peu de chose à démêler que possible.

Mais une défense m'était laissée; elle vint à mon aide, *tanquam Deus ex machinâ*. Ce rapace Paul Pattieson ne pouvait prétendre à m'enlever les manuscrits disputés, à moins de me payer une somme d'argent considérable, que j'avais avancée à différentes époques au défunt Peter, particulièrement pour acheter une petite rente à sa vieille mère. Ces avances, les frais des funérailles et autres dépenses, montaient à une somme assez forte, que le pauvre étudiant ainsi que son conseiller prévoyaient une grande difficulté à payer. Ledit M. Paul Pattieson écouta donc une proposition que je laissai tomber comme par accident. Je lui dis que, s'il se sentait capable de remplir la place de son frère et de rendre son ouvrage digne de l'impression, je lui accorderais dans ma maison la table et le logement, tandis qu'il serait ainsi occupé, requérant seulement son assistance dans l'occasion pour faire répéter les plus avancés de mes écoliers. Cela semblait promettre à nos disputes un terme également satisfaisant pour tous les partis, et le premier acte de Paul fut de tirer sur moi, pour une somme assez ronde, sous prétexte que sa garde-robe devait être renouvelée. Je ne fis aucune objection, bien que certainement il fît preuve de vanité en se faisant habiller à la dernière mode, lorsque non-seulement une grande partie des vêtemens du défunt pouvaient encore se porter une année : mais en outre, comme je venais de me donner un habillement complet de drap noir, M. Pattieson aurait été le bien venu aux vêtemens que je venais de quitter, ainsi que cela arrivait toujours à son défunt frère.

L'école, je suis obligé de le dire, allait bien. Mon jeune homme était fort sévère ; il remplissait son devoir de sous-maître avec tant d'activité qu'il outrepassait ses attributions, si je puis m'exprimer ainsi, et que je commençai à me sentir un zéro dans ma propre école.

Je me consolais en pensant que les corrections du manuscrit avançaient autant que je pouvais le désirer ; Paul Pattieson sur ce sujet, comme le vieux Pistol (1), parlait « *hardiment du pont* », non-seulement dans notre maison, mais dans la société de nos voisins, parmi lesquels, loin d'imiter la vie retirée et monastique de son frère, il devint un gai visiteur et même un si bon vivant, que dans la suite nous observâmes qu'il méprisait les modestes repas qui avaient paru d'abord des banquets splendides à son appétit dévorant. De cette manière, il déplut grandement à ma femme, qui s'applaudissait avec justice des mets abondans, propres et sains dont elle nourrissait nos sous-maîtres et nos écoliers.

Enfin, j'avais plutôt l'espérance que je n'avais la conviction sincère que tout allait bien : et je me trouvais dans cet état d'esprit désagréable qui précède une rupture ouverte entre deux associés qui ont été

---

(1) Personnage plaisant des pièces de Shakspeare. (*Note du Traducteur.*)

long-temps jaloux l'un de l'autre, et qui, avant d'en venir à se séparer, sont encore retenus par le sentiment de leur intérêt mutuel.

La première alarme me fut occasionée par un bruit qui courut dans le village que Paul Pattieson avait l'intention, sous peu de temps, d'entreprendre un voyage sur le continent. Il prétendait que c'était à cause de sa santé; mais le même rapport assurait que c'était plutôt pour satisfaire la curiosité que la lecture des classiques lui avait occasionée, que dans tout autre motif. Je fus donc un peu alarmé à ce *susurrus*, et commençai à réfléchir que l'éloignement de M. Pattieson, à moins que je ne parvinsse à temps à remplacer ce jeune homme, pourrait être fatal à l'établissement; car, pour dire la vérité, ce Paul avait quelque chose d'attrayant pour ses écoliers, particulièrement pour ceux dont le caractère était doux; et j'avoue que je doutais si je pourrais le remplacer moi-même sous certains rapports, avec toute mon autorité et mon expérience. Ma femme, irritée, comme il lui convenait de l'être, des intentions de M. Pattieson, me conseilla de terminer sur-le champ cette affaire et de l'approfondir tout d'un coup; et, en effet, j'avais toujours observé que cette méthode réussissait le mieux avec mes écoliers.

Mistress Cleishbotham n'était pas long-temps sans reprendre ce sujet; car semblable à celles qui composent la race de Xantippe (quoique ma compagne soit une femme bien élevée), elle aime à emporter par la violence ce qu'elle n'a pu obtenir par la persuasion. — Vous êtes un homme très-spirituel, M. Cleishbotham, observait-elle; un homme savant,

INTRODUCTION.

M. Cleishbotham, — et le maître d'école de Gandercleugh, M. Cleishbotham, ce qui dit tout en un mot ; mais beaucoup d'hommes presque aussi grands que vous ont été désarçonnés parce qu'ils ont souffert qu'un inférieur montât en croupe derrière eux ; et quoique dans le monde, M. Cleishbotham, vous ayez la réputation de tout faire, soit dans la direction de l'école, soit dans ce nouveau et profitable commerce de livres que vous avez entrepris, cependant on commence à dire ouvertement à Gandercleugh, des deux côtés de l'eau, que le sous-maître écrit les livres du magister et tient l'école. Demandez aux filles, aux femmes, aux veuves : elles vous diront que le plus petit écolier vient à Paul Pattieson pour répéter sa leçon, aussi naturellement qu'il vient à moi pour son goûter ; ils ne pensent jamais à s'adresser à vous pour un mot défectueux ou toute autre chose, à moins que ce ne soit pour un *exeat*, ou pour tailler une vieille plume.

Cette tempête m'assaillit par un soir d'été, tandis que j'employais mes heures de loisir à fumer une pipe, me complaisant dans les douces pensées que l'herbe nicotiane a l'habitude de produire, plus particulièrement chez les personnes studieuses, dévouées *musis severioribus*. Je quittai à contre-cœur mon obscur sanctuaire, et j'essayai de réduire au silence les clameurs de la langue de mistress Cleishbotham qui avait quelque chose de particulièrement aigu et de pénétrant. — Femme, dis-je avec un ton d'autorité domestique convenable à l'occasion, *res tuas agas*; mêlez-vous de vos savonnages, de votre cuisine, de vos médecines et de tout ce qui concerne physiquement les écoliers, et laissez tout ce qui a rapport à leur éducation à mon sous-maître Paul Pattieson et à moi.

— Je suis fort aise, ajouta la maudite femme (ai-je pu parler ainsi!), que vous ayez la bonté de le nommer avant vous, car il n'y a pas de doute qu'il tient le premier rang; vous pourriez entendre les voisins le dire ou le murmurer tout bas.

— Que murmurent-ils, véritable sœur des Euménides? m'écriai-je; l'irritant *œstrum* de la réprimande de cette femme, l'emportant sur les effets sédatifs de la pipe et de la bière.

— Murmurent! reprit-elle du ton le plus aigu : ils murmurent, assez haut pour que je les entende, moi, que le maître d'école de Gandercleugh est devenu une vieille femme qui radote et passe tout son temps à boire avec le maître du cabaret, et laisse l'école, les livres et tout le reste aux soins de son sous-maître. Les commères de Gandercleugh disent aussi que vous avez engagé Paul Pattieson à écrire un livre qui vaudra mieux que tout ce que vous avez déjà fait; et pour prouver combien vous vous en occupez peu, on ajoute que vous ne savez pas même son titre, non, pas même si l'on y doit parler de quelque païen grec ou de Douglas-le-Noir.

Ces paroles furent prononcées d'un ton si amer qu'elles me piquèrent au vif, et je jetai ma pauvre vieille pipe, comme une des lances d'Homère, non pas au visage de ma provocante compagne, bien que j'en eusse une forte tentation, mais dans la rivière Gander, qui, cela est maintenant connu des voyageurs de presque toutes les parties de la terre, poursuit son cours paisible sur le rivage où l'école est agréablement située; puis me levant, j'enfonçai sur ma tête ce chapeau retroussé (l'orgueil du magasin de MM. Grieve et Scott), je me plongeai dans la vallée du ruisseau, et poursuivis mon chemin : la voix de mistress Cleishbotham m'accompagnait dans ma retraite et ressemblait en quelque sorte aux cris de colère et de triomphe d'une troupe d'oies poursuivant un chien hargneux ou un enfant taquin qui s'est introduit sur son terrain, et qui s'enfuit devant elle. En vérité, ce ton de mépris et de colère, tandis qu'il résonnait à mes oreilles, avait une si grande influence sur moi, que, par un mouvement instinctif, je plaçai les pans de mon habit noir sous mes bras comme si j'avais couru le danger de les voir saisir par l'ennemi qui me poursuivait. Ce ne fut que lorsque j'eus atteint le lieu bien connu sur lequel Peter Pattieson avait rencontré le personnage célèbre connu sous le nom de *old Mortality* (1), que je fis halte afin de recouvrer mes esprits et de réfléchir à ce que je devais faire. Ma tête était agitée par un chaos de passions parmi lesquelles la colère dominait; et pour quelle raison ou contre qui éprouvais-je un si violent déplaisir ? il ne m'était pas facile de le démêler.

Néanmoins, ayant assujetti mon chapeau retroussé avec un soin convenable sur ma perruque bien poudrée, et après l'avoir soulevé un instant pour rafraîchir mon cerveau embrasé, ayant surtout

---

(1) Le Vieillard des tombeaux. Voyez l'introduction des *Puritains d'Écosse*.

rajusté et rabattu les pans de mon habit noir, je me trouvai en état de répondre à mes propres questions ; car, avant que toutes ces manœuvres eussent été strictement accomplies, je l'aurais tenté en vain.

En premier lieu, pour me servir de la phrase de M. Docket, qui est le *writer* (c'est-à-dire le procureur) dans notre village de Gandercleugh, je me sentis satisfait que ma colère fût dirigée contre tous, ou, en latin, *contra omnes mortales*, et plus particulièrement contre le voisinage de Gandercleugh pour les rapports qui circulaient au préjudice de mes talens littéraires, aussi bien que de mes succès comme pédagogue, et qui en accordaient la gloire à mon sous-maître : secondement contre mon épouse, Dorothea Cleishbotham, pour avoir rapporté lesdits caquets calomnieux à mes oreilles d'une manière irrévérencieuse et inconvenante, et sans le respect voulu, dans le langage dont elle s'était servie, pour la personne à laquelle elle s'adressait ; traitant des affaires dans lesquelles j'étais concerné si intimement, comme si elles eussent été des sujets de commérage à une soirée de Noël où les femmes réclament le privilége de servir la *Bona Dea*, suivant leurs rites secrets féminins. Troisièmement, il devint clair que je pouvais répondre à tous ceux qui s'en informeraient, que ma colère était allumée contre Paul Pattieson, mon sous-maître, parce qu'il avait donné occasion aux voisins de Gandercleugh d'entretenir de semblables opinions, et à mistress Cleishbotham de me les rapporter irrespectueusement en face, puisqu'aucun de ces malheurs n'aurait existé s'il n'avait pas mis en avant de faux rapports de transactions privées et confidentielles dont je m'étais entièrement abstenu de parler devant un tiers.

Cet arrangement de mes idées ayant contribué à adoucir l'atmosphère orageuse qui leur avait donné naissance, laissa à la raison le temps de prédominer et de me demander de sa voix claire et nette si, au milieu de toutes ces circonstances, je faisais bien de nourrir une aussi violente indignation. Enfin, après un plus mûr examen, les diverses pensées splénétiques qui m'indignaient contre les autres se confondirent dans le ressentiment que j'éprouvais contre mon perfide sous-maître; et, comme le serpent de Moïse, ce ressentiment absorba tout autre sujet de mécontentement. Me mettre en guerre ouverte avec tous mes voisins, à moins d'être certain de quelque moyen de m'en venger, eût été une entreprise au-dessus de mes forces, et qui eût probablement occasioné ma ruine. Faire une querelle publique à ma femme, au sujet de son opinion sur mes talens littéraires, eût été ridicule; et outre cela, mistress Cleishbotham était sûre d'avoir toutes les commères de son côté, qui l'auraient représentée comme une femme persécutée par son mari, pour lui avoir offert de bons conseils et les lui avoir présentés avec une sincérité trop enthousiaste.

Il restait Paul Pattieson, le véritable objet de mon indignation, et je pouvais dire qu'il était en mon pouvoir, et que je pourrais le punir en le renvoyant suivant mon bon plaisir. Cependant des procédés vindicatifs à l'égard dudit Paul, bien qu'il fût facile de m'en passer l'envie, pouvaient produire de sérieuses conséquences pour ma propre bourse; et je commençais à réfléchir avec anxiété que, dans ce monde, satisfaire nos passions s'accorde peu souvent avec nos intérêts, et que l'homme sage, le *vere sapiens*, hésite rarement lorsqu'il s'agit de préférer l'un à l'autre.

Je réfléchis aussi que j'étais tout à-fait incertain jusqu'à quel point on avait eu raison d'accuser le nouveau sous-maître de tant de fautes à la fois.

En un mot, je commençai à m'apercevoir que ce ne serait pas une petite affaire que de rompre tout d'un coup et sans conseils un marché, ou une société, comme diraient les jurisconsultes, qui, si elle était profitable audit Paul, promettait de l'être non moins pour moi, qui, par mon âge, mon savoir et ma réputation, étais à un si haut degré supérieur à lui. Touché par ces considérations, jointes à d'autres, je résolus de procéder avec prudence dans cette occasion, de peur, en portant trop promptement mes plaintes, d'occasioner une rupture positive pour ce qui n'était peut-être qu'un malentendu qui s'expliquerait et s'excuserait facilement, ainsi qu'une voie d'eau sur un vaisseau neuf, qui, étant une fois découverte et soigneusement arrêtée, n'en rend le vaisseau que plus propre à tenir la mer.

Lorsque j'eus adopté cette résolution conciliante, j'atteignis l'endroit où une montagne presque perpendiculaire, semblait terminer la vallée, ou du moins la diviser en deux vallons, servant l'un et l'autre comme de berceau à un torrent, le Gruff-Quack et le Gusedub, moins profond, mais plus bruyant, sur la gauche, qui à leur jonction forment la rivière Gander. Chacune de ces petites vallées a un sentier conduisant jusque dans leurs retraites les plus pro-

INTRODUCTION.

fondes, et rendu plus facile par les travaux des pauvres pendant la dernière saison rigoureuse. Un des deux porte le nom de Sentier Pattieson, tandis que l'autre a été consacré d'une manière aimable à ma mémoire par le titre de Dominie's Daidling-bit (1). Là j'étais certain de rencontrer mon associé Paul Pattieson, car il avait l'habitude de revenir le soir à la maison par l'une ou l'autre de ces routes, après ses courses sans fin.

Il ne se passa pas beaucoup de temps avant que je ne le visse descendre le Gusedub par ce tortueux sentier qui a si fortement le caractère d'un vallon écossais. Il était facile de le reconnaître de quelque distance à sa démarche fanfaronne, présentant le plat de sa jambe, comme le brave tapageur des clubs, et, suivant toute apparence, parfaitement satisfait, non-seulement de sa jambe et de sa botte, mais de tout son extérieur, de la mode de ses habits, et même, l'on aurait pu croire, du contenu de ses poches.

Avec ces manières, qui lui étaient habituelles, il s'approcha de moi, tandis que j'étais assis à la jonction des torrens, et je pus m'apercevoir que son premier mouvement était de passer après m'avoir fait un simple salut. Mais comme cela n'aurait pas été convenable, vu les termes où nous étions ensemble, il parut avoir adopté, après avoir réfléchi, une marche tout opposée. S'approchant de moi avec un air de vivacité, je puis même ajouter d'impudence, et abordant tout d'un coup les affaires importantes

(1) *Dominie* est le titre qu'on donne en général aux magisters chez les Écossais. (*Note du Traducteur.*)

que j'avais à discuter, mais d'une manière plus convenable à leur gravité : — Je suis bien aise de vous voir, M. Cleishbotham, dit-il avec un mélange inimitable de confusion et d'effronterie. On raconte les plus surprenantes nouvelles qu'on ait entendues dans le monde littéraire de mon temps. Tout Gandercleugh s'en étonne ; on ne parle pas d'autre chose, depuis la plus jeune des apprenties de miss Buskbody jusqu'au ministre lui-même, et l'on se demande avec surprise si les nouvelles sont vraies ou fausses. Il est certain qu'elles sont d'une singulière nature, surtout pour vous et pour moi.

— M. Pattieson, dis-je, il m'est impossible de deviner ce que vous voulez dire. *Davus sum, non OEdipus;* je suis Jedediah Cleishbotham, maître d'école de la paroisse de Gandercleugh : je ne suis point sorcier ni devin, et je ne sais point expliquer les énigmes.

— Eh bien! répondit Paul Pattieson, M. Jedediah Cleishbotham, maître d'école de la paroisse de Gandercleug, j'ai à vous informer que notre espérance est entièrement détruite. Les Contes sur la publication desquels nous comptions avec tant de confiance ont été déjà imprimés. On les connaît à l'étranger, par toute l'Amérique ; les papiers anglais en font le plus grand bruit.

Je reçus cette nouvelle avec la même sérénité d'ame avec laquelle j'aurais accepté un coup dans l'estomac, asséné par un moderne gladiateur, de toute l'énergie de son poing. — Si cette information est exacte, M. Pattieson, je me vois dans la nécessité de vous soupçonner d'avoir fourni à la presse étrangère la copie dont les imprimeurs ont usé sans scrupule, et sans respect pour les droits incontestables des propriétaires du manuscrit; et je désirerais savoir si cette production américaine contient les corrections que nous avons jugées nécessaires avant que l'ouvrage pût être offert au public. Mon jeune homme vit qu'il était nécessaire de répondre à cette demande d'une manière positive, car ma voix était expressive et mon ton décidé. Son audace naturelle le soutint néanmoins, et il répondit avec fermeté.

— D'abord, M. Cleishbotham, ces manuscrits sur lesquels vous réclamez un droit fort douteux ne furent jamais donnés par moi, et il faut qu'ils aient été envoyés en Amérique, soit par vous-même, soit par quelqu'une des différentes personnes auxquelles vous avez procuré l'occasion de parcourir les ouvrages que mon frère a laissés.

— M. Pattieson, répondis-je, je vous prie de vous rappeler que je ne pouvais pas avoir l'intention, soit par moi-même, soit par d'autres, de faire publier ces manuscrits, avant que, par les changemens que j'avais médités et que vous étiez chargé de faire, nous les eussions rendus dignes du public.

M. Pattieson me répondit avec beaucoup de chaleur : — Monsieur, il est bon que vous sachiez que, lorsque j'acceptai vos misérables propositions, c'était moins pour elles-mêmes que pour la gloire littéraire de mon défunt frère. Je prévis que, si je les refusais, vous n'hésiteriez pas à confier cette tâche à des mains indignes; ou peut-être l'auriez vous entreprise vous-même, vous l'homme le plus incapable de toucher aux ouvrages d'un génie qui n'est plus : ce que, avec la grâce de Dieu, j'étais déterminé à empêcher. Mais la justice du ciel a pris cette affaire dans ses propres mains. Les travaux de Peter Pattieson iront maintenant à la postérité sans être déchiquetés par le ciseau de la censure tenu par les mains d'un faux ami. Honte à celui qui a pu penser que l'arme coupable pourrait être tenue par celles d'un frère.

J'écoutai ce discours avec une espèce de vertige et d'embarras dans la tête qui m'aurait probablement renversé mort à ses pieds, si une pensée comme celle de cette vieille ballade,

<blockquote>Le comte Percy voit ma chute,</blockquote>

n'eut rappelé à mon souvenir que j'augmenterais le triomphe de mon adversaire en donnant carrière à mes passions en la présence de M. Pattieson, qui, il n'y avait aucun doute, était plus ou moins directement coupable de cette publication transatlantique et qui avait, d'une manière ou d'une autre, trouvé son intérêt dans cette infidélité à nos conventions (1).

Pour échapper à son odieuse présence je lui souhaitai le bonsoir sans cérémonie et me dirigeai vers le vallon, avec l'air, non pas d'un homme qui quitte un ami, mais qui vient de congédier un compagnon désagréable. Le long de la route je pesai toute cette affaire avec une anxiété qui ne tendit pas à me remettre. Si je m'en étais senti la force, j'aurais pu supplanter cette édition bâtarde, de laquelle les gazettes litté-

---

(1) L'auteur fait ici allusion à la publication d'un fragment de *Robert de Paris*, qui a été vendu à un journal américain, malgré les conventions faites avec l'éditeur d'Édimbourg. (*Note du Traducteur.*)

raires ont déjà donné de nombreux échantillons, en présentant, dans une copie publiée immédiatement à Édimbourg, des corrections proportionnées aux erreurs auxquelles j'ai déjà fait allusion.

Je me rappelai la facile victoire que la véritable seconde partie des *Contes de mon Hôte*, publiée par un *interlope* sous le même titre (1). Pourquoi n'aurais-je pu obtenir le même triomphe? Il y aurait eu enfin un amour-propre de talent à me venger ainsi, qui eût été excusable pour un homme outragé; mais l'état de ma santé avait été si faible, qu'une tentative de cette nature eût, depuis quelque temps, été imprudente.

C'est sous de semblables circonstances que les *restes* (2) de Peter Pattieson doivent être acceptés comme ils furent laissés dans son secrétaire; et je prends humblement congé du lecteur, dans l'espérance que, tels qu'ils sont, ils obtiendront l'indulgence de ceux qui ont toujours été trop bons pour les productions de sa plume, et sous tous les rapports envers l'obligé serviteur du courtois lecteur.

J. C.

Gandercleugh, 15 octobre 1831.

(1) *Le Château de Pontefract., Conte de mon hôte.* Un libraire de Londres imagina de publier sous ce titre un roman assez médiocre, et il fit répandre le bruit que Walter Scott en était l'auteur. Ce roman, traduit en français, a été publié à Paris avec le nom de Scott, que le libraire lui a conservé, malgré toutes les réclamations de l'éditeur des ouvrages de Walter Scott. (*Note du Traducteur.*)

(1) *Remains.*

ROBERT, COMTE DE PARIS.

(Count Robert of Paris.)

CHAPITRE PREMIER.

LÉONTIUS.

Ce pouvoir bienfaisant, qui, bien avant l'orage,
Voile le firmament sous un sombre nuage,
Pour avertir l'oiseau de chercher un abri,
Vit la Grèce expirer sans en être attendri.
Quel prodige a prédit notre destin funeste ?

DÉMÉTRIUS.

Maints présages affreux l'ont rendu manifeste :
Un gouvernement faible et des lois sans pouvoir ;
Un peuple aux factions immolant son devoir ;
Les grands livrés au luxe, et ces maux innombrables
Des États chancelans fléaux inévitables.
Quand la corruption, montrant un front d'airain,
Offre de notre perte un présage certain,
Pouvez-vous demander qu'aujourd'hui la nature,
Brave Léontius, enfante un autre augure,
Expliqué par le fourbe, et du fou redouté ?

Irène, acte I.

Les observateurs attentifs de la nature, dans le règne végétal, ont remarqué que lorsqu'on prend une greffe sur un vieil arbre, cette greffe qui, dans la forme extérieure, a l'apparence d'une jeune pousse, est, dans le fait, parvenue au même point de maturité ou même de dépérissement, que le tronc qui lui a donné naissance. De là vient, dit-on, qu'on voit souvent, à peu près à la même époque, certains arbres d'une espèce particulière se dessécher et mourir, parce que, devant toutes leurs forces vitales à la même souche, ils ne peuvent prolonger leur existence au-delà de la sienne.

De la même manière, les puissans de la terre, par un grand et soudain effort, ont cherché à transplanter des villes, des états et des peuples, croyant assurer à leur nouvelle capitale la richesse, la majesté, la magnificence et l'étendue sans bornes de l'ancienne cité qu'ils voulaient rajeunir. Ils espéraient recommencer une nouvelle suite de siècles, à partir de la date de la fondation de leur nouvelle ville, qui devait avoir, du moins ils se l'imaginaient, autant de durée et non moins de renommée que l'ancienne, que le fondateur se flattait de voir remplacée par sa nouvelle métropole dans toute la gloire de sa jeunesse. Mais la nature a ses lois, et elles semblent s'appliquer au système social comme à l'ordre végétal. Il paraît que c'est une règle générale que ce qui doit durer long-temps doit être mûri lentement et perfectionné par degrés; tandis que tout effort soudain, quelque gigantesque qu'il soit, pour amener tout à coup l'exécution d'un plan combiné pour durer des siècles, offrent nécessairement dès le principe même des symptômes de ruine et de mort. Ainsi dans un beau conte oriental, un derviche explique au sultan de quelle manière il a vu croître les arbres magnifiques sous lesquels il se promène, en cultivant les graines qu'il avait semées :

et l'orgueil du prince est humilié en songeant que ces plantations, venues d'une manière si simple, acquéraient une nouvelle vigueur à chaque retour du soleil, tandis qu'il voyait se dessécher, dans la vallée d'Orez, la tête majestueuse des cèdres épuisés qu'il y avait fait transplanter par un violent effort (1).

Je crois que tous les hommes de goût, et il en est beaucoup qui ont été voir récemment Constantinople, ont été d'accord que, s'il était possible de trouver sur toute la surface du globe un endroit digne de devenir le siége d'un empire universel, ceux qui seraient appelés à faire un pareil choix accorderaient la préférence à la ville de Constantin, comme réunissant à la fois la beauté, la richesse, la sûreté et la grandeur. Cependant avec tous ces avantages de la situation et du climat, avec toute la splendeur architecturale de ses églises et de ses palais, avec ses carrières de marbre et ses trésors immenses, l'empereur qui fonda cette ville doit avoir reconnu lui-même que, quoiqu'il pût employer tous ces riches matériaux au gré de sa volonté, c'était l'ame de l'homme, c'étaient ses facultés intellectuelles, portées par les anciens au plus haut degré, qui avaient produit ces chefs-d'œuvre de talent, lesquels, comme ouvrages de l'art ou du travail moral, frappaient ceux qui les voyaient de stupeur et d'admiration. Le pouvoir de l'empereur pouvait dépouiller d'autres villes de leurs chefs-d'œuvre pour en décorer celle dont il avait fait sa nouvelle capitale; mais les hommes qui avaient

---

(1) Conte du persan Mirglip dans les *Contes des génies*. (*Note de l'Auteur.*)

fait de grandes actions, et ceux, presque aussi estimés, qui avaient célébré leurs hauts faits à l'aide de la poésie, de la peinture et de la musique, avaient cessé d'exister. La nation, quoique étant encore la plus policée du monde, avait passé cette époque de la civilisation où le désir d'une juste renommée forme la seule ou la principale récompense des travaux de l'historien ou du poète, du peintre ou du statuaire. La constitution despotique et arbitraire introduite dans l'empire avait entièrement détruit depuis longtemps cet esprit public qui avait animé les historiens libres de Rome, et n'avait laissé que de faibles souvenirs qui ne produisaient aucune émulation.

Pour parler comme s'il s'agissait d'une substance animée, quand même Constantin aurait pu régénérer sa nouvelle métropole par la transfusion des principes vitaux de l'ancienne Rome, ces principes n'existaient plus, pour que Constantinople pût les emprunter et Rome les transmettre.

Sous un point de vue très-important, l'état de la capitale de Constantin avait été totalement changé, et ce changement avait été plus avantageux à cette ville qu'on ne saurait le dire. Le monde était alors chrétien, et en renonçant au code du paganisme, il s'était délivré du poids d'une honteuse superstition; et il n'y a pas le moindre doute que cette foi plus pure n'ait produit pour la société les résultats naturels qui étaient à désirer, en faisant entrer graduellement dans les cœurs de meilleurs principes, et en apprenant au peuple à dompter ses passions. Mais tandis qu'un grand nombre de néophytes adoptaient avec docilité leur nouvelle croyance, il en était quelques uns qui, dans l'arrogance de leur jugement, interprétaient les Ecritures comme bon leur semblait, et d'autres ne manquaient pas de se servir de leur caractère religieux et de leur rang dans la hiérarchie spirituelle, pour s'élever au pouvoir temporel. Il arriva ainsi, à cette époque critique, que les effets du grand changement survenu dans la religion du pays, tout en produisant sur-le-champ une moisson abondante et en répandant beaucoup de bon grain qui devait fructifier par la suite, ne se firent pas sentir dans le quatrième siècle de manière à exercer sur-le-champ cette influence décidée qu'on était en droit d'en attendre.

La splendeur empruntée dont Constantin orna sa ville était elle-même en quelque sorte un indice de décadence prématurée. L'empereur, en s'emparant des statues, des tableaux, des obélisques et des chefs-d'œuvre des arts des siècles passés, reconnaissait qu'il lui était impossible de les remplacer par des productions d'un génie plus moderne ; et lorsqu'on pilla le monde et particulièrement Rome, pour embellir Constantinople, l'empereur qui ordonnait cette œuvre de spoliation pouvait se comparer à un jeune prodigue qui dépouille une vieille mère des ornemens de sa jeunesse pour en parer une maîtresse fastueuse, sur le front de laquelle chacun doit les considérer comme déplacés.

Quand on vit donc, en 324, Constantinople, revêtue de la majesté impériale, s'élever sur le site de l'humble Byzance, cette ville, à l'instant même de sa naissance et au milieu de sa splendeur d'emprunt, montra, comme nous l'avons déjà dit, quelques signes de cette décadence prochaine vers laquelle tendait imperceptiblement l'intérieur du monde civilisé, qui était alors compris dans les limites de l'empire romain ; et il ne fallut qu'un bien petit nombre de siècles pour que ces pronostics se vérifiassent complétement.

En 1080, Alexis Comnène monta sur le trône impérial ; c'est-à-dire il fut déclaré souverain de Constantinople, de sa banlieue et de ses dépendances ; et en le supposant disposé à vivre dans la mollesse, les incursions barbares des Scythes et des Hongrois ne devaient pas souvent troubler le sommeil de l'empereur, s'il se bornait à le goûter dans sa capitale. On peut croire que cette sécurité ne s'étendait pas beaucoup plus loin, car on dit que l'impératrice Pulchérie avait fait construire une église à la Vierge Marie aussi loin qu'il était possible de la porte de la ville, afin de ne pas courir le risque d'être interrompue dans ses exercices de religion par les hurlemens hostiles des Barbares ; et l'empereur régnant s'était fait bâtir un palais près du même lieu pour la même raison.

Alexis Comnène était dans la situation d'un monarque qui tire son importance de la grandeur et de la puissance de ses prédécesseurs, et de la vaste étendue de leurs anciens domaines, plutôt que des restes de fortune qu'il en a recueillis. A l'exception du nom d'empereur qu'il portait, ce prince n'avait pas plus de pouvoir sur les provinces démembrées de son empire que n'en a un cheval à demi mort sur les parties de son corps sur lesquelles le corbeau et le vautour ont déjà commencé à s'abattre pour en faire leur pâture.

Dans diverses parties de son territoire, on vit s'élever différens ennemis, qui firent la guerre à l'empereur, tantôt avec un avantage prononcé, tantôt avec une fortune douteuse. Parmi les nations nombreuses avec lesquelles il fut en état d'hostilité, telles que : — les Francs du côté de l'Ouest, les Turcs venant de l'Orient, les Hongrois et les Scythes amenant du nord leurs hordes barbares et innombrables, et faisant pleuvoir une grêle de flèches; et les Sarrasins, ou les tribus qui composaient ce peuple, accourant du Midi, il n'y en avait pas une seule à qui l'empire grec n'offrît l'appât d'un festin. Chacun de ces ennemis avait sa manière particulière de faire la guerre, et un système de manœuvre en combattant qui lui était propre. Mais les Romains, comme on appelait encore les malheureux sujets de l'empire grec, étaient de beaucoup les hommes les plus faibles, les plus ignorans et les plus timides qu'on pût traîner sur le champ de bataille. L'empereur s'applaudit donc de pouvoir soutenir une guerre défensive en armant successivement ses ennemis les uns contre les autres : se servant du Scythe pour repousser le Turc, et opposant ces deux peuples sauvages au Franc impétueux, dont Pierre l'Ermite, du temps d'Alexis, avait allumé la fureur par l'influence puissante des croisades.

Si donc Alexis Comnène, pendant qu'il occupa le trône chancelant de l'empire d'Orient, fut réduit à adopter un système de politique bas et honteux; s'il montra quelquefois de la répugnance à combattre, quand il avait lieu de douter de la valeur de ses troupes; s'il employa communément la ruse et la dissimulation au lieu de la sagesse, et la perfidie au lieu du courage, ces expédiens sont la honte de son siècle plutôt que la sienne.

On peut encore blâmer l'empereur Alexis d'avoir affecté un degré de pompe qui semblait annoncer une grande faiblesse d'esprit. Il était fier d'étaler sur sa personne les marques distinctives de divers ordres de noblesse, et de les conférer à d'autres, même à une époque où le rang que pouvait accorder le prince était devenu dans l'esprit du Barbare libre une raison de plus pour mépriser celui que l'empereur y avait élevé. Mais si la cour grecque était encombrée d'un cérémonial insignifiant, pour suppléer à l'absence de ce respect qu'aurait dû inspirer un mérite réel et un pouvoir véritable, ce n'était pas une faute particulière à ce prince, c'était celle du système de gouvernement adopté à Constantinople depuis des siècles. Avec son absurde étiquette qui prescrivait des règles de conduite pour toute la journée dans les points les moins importans, l'empire grec, dans ses folies minutieuses, ne ressemblait à aucune puissance existante, si ce n'est à l'empire de Pékin; l'un et l'autre ayant la ridicule prétention de donner un air d'importance à des objets que leur futilité ne rend pas susceptibles de cette distinction.

Nous devons donc justifier Alexis jusqu'à un certain point, en disant que, quelque humbles que fussent les expédiens auxquels il eut recours, ils furent plus utiles à son empire que ne l'auraient peut-être été, dans les mêmes circonstances, les mesures qu'aurait pu prendre un prince dont l'esprit aurait été plus fier et plus élevé. Ce n'était pas un champion à rompre une lance contre la cuirasse du Franc son rival, le célèbre Bohémond d'Antioche ; mais, dans plusieurs occasions, il hasarda hardiment sa vie ; et, autant que nous pouvons en juger après avoir lu attentivement l'histoire de ses exploits, l'empereur de la Grèce n'était jamais si dangereux, sous le bouclier, que lorsque quelque ennemi voulait l'arrêter dans sa retraite, après une bataille qu'il avait perdue.

Mais indépendamment de ce qu'il n'hésitait pas, suivant la coutume de ce temps, à exposer, parfois du moins, sa personne aux périls d'une mêlée, Alexis possédait aussi les connaissances de l'art de la guerre qu'on exige de nos jours d'un général. Il savait choisir les positions militaires les plus avantageuses ; et il couvrit souvent des défaites, et tira parti de combats douteux, de manière à tromper l'attente de ceux qui s'imaginaient que l'œuvre de la guerre ne se faisait que sur le champ de bataille.

Si Alexis Comnène connaissait ainsi les manœuvres de la guerre, il entendait encore mieux celles de la politique. Visant toujours au-delà du but avoué de la négociation qui l'occupait, l'empereur était sûr d'obtenir quelque avantage important et durable ; et pourtant il finissait souvent par être déjoué par la légèreté sans pudeur ou la trahison ouverte des Barbares, comme les Grecs nommaient en général toutes les autres nations, et particulièrement les tribus (car on peut à peine leur donner le nom d'état) qui environnaient leur empire.

Nous pouvons terminer ce court portrait de Comnène en disant que, s'il n'avait été appelé à remplir le poste d'un monarque qui était dans la nécessité de se faire craindre, comme étant exposé à des conspirations de toute espèce, tant de la part d'étrangers que dans sa propre famille, il aurait pu, suivant toutes les probabilités, être regardé comme un prince honnête et humain. Il montra certainement de la bonté; et il fit tomber moins de têtes, et priva de leurs yeux moins de personnes, que ne l'avaient fait ses prédécesseurs, qui avaient ordinairement recours à de tels moyens pour réprimer les desseins ambitieux de leurs compétiteurs.

Il nous reste à dire qu'Alexis avait sa bonne part de l'esprit superstitieux de son siècle, quoiqu'il le cachât avec soin. On dit même qu'Irène, son épouse, qui naturellement devait le mieux connaître le caractère de l'empereur, accusa son mari mourant d'avoir recours, en ses derniers momens, à cette dissimulation qui l'avait accompagné pendant toute sa vie. Il prenait aussi un vif intérêt à toutes les affaires de l'église, poursuivant l'hérésie, que l'empereur avait ou affectait d'avoir en grande horreur, partout où elle lui paraissait se glisser pour tendre des piéges. Dans la manière dont il traita les Manichéens ou Pauliciens, on ne voit pas cette pitié pour des erreurs de jugement que les temps modernes auraient cru bien méritée par l'étendue des services temporels de ces infortunés sectaires. Alexis n'avait pas d'indulgence pour ceux qui donnaient une fausse interprétation aux mystères de l'église ou de sa doctrine; et, dans son opinion, le devoir de défendre la religion contre les schismatiques lui était aussi rigoureusement imposé que celui de protéger l'empire contre les innombrables tribus barbares qui empiétaient de tous côtés sur ses frontières.

C'est ce mélange de bon sens et de faiblesse, de bassesse et de dignité, de discrétion prudente et de manque d'énergie (défaut qui, suivant la manière européenne d'envisager les choses, approchait de la lâcheté), qui formait les principaux traits du caractère d'Alexis Comnène, à une époque où le destin de la Grèce, et de tout ce qui restait en ce pays des arts et de la civilisation, était suspendu dans la balance, et paraissait devoir être sauvé ou perdu, suivant le talent qu'aurait l'empereur pour jouer le rôle si difficile dont il se trouvait chargé.

Ce peu de détails principaux rappelleront, à quiconque connaît passablement l'histoire, les circonstances particulières de l'époque que nous avons choisie pour servir de base à cet ouvrage.

CHAPITRE II.

> Cette cité si fière,
> De la reine du monde orgueilleuse héritière,
> Comme ta vanité le prétend, en ce lieu,
> Au sein de l'Océan, aussi bien qu'au milieu
> Des siècles écoulés et futurs, paraît être
> Le dernier des fragmens d'un grand pays, peut-être
> Échappé par hasard à la convulsion
> Qui voua tout le reste à la destruction.
> De ses rochers la cime encor majestueuse
> S'élève vers le ciel, et leur tête orgueilleuse
> Règne sur le désert.
> *Constantin Paléologue*, scène I.

La scène de notre histoire dans la capitale de l'empire d'Orient commence à ce qu'on appelle la Porte d'Or de Constantinople ; et l'on peut dire, en passant, que cette épithète splendide n'est pas aussi légèrement accordée qu'on pourrait s'y attendre d'après e langage ampoulé des Grecs, qui jette une telle apparence d'exagération sur tout ce qu'ils disent de leurs édifices et de leurs monumens.

Les murailles massives, et en apparence imprenables, dont Constantin entoura cette ville, furent con sidérablement augmentées et fortifiées par Théodose surnommé le Grand. Un arc de triomphe, monument de l'architecture d'un siècle meilleur, quoique déjà dégénéré, et servant en même temps de porte, introduisait l'étranger dans la ville. Sur le sommet, une statue de bronze représentait la Victoire, déesse qui, dans les batailles, avait fait pencher la balance en faveur de Théodose ; et comme l'artiste avait résolu d'étaler de la magnificence à défaut de goût, les ornemens dorés qui accompagnaient les inscriptions firent bientôt donner à la porte un nom qui devint populaire. Des statues, sculptées à une époque éloignée et plus fertile en talens, décoraient les murs, sans être heureusement assorties au style dans lequel ils étaient construits. Les ornemens plus modernes de la Porte d'Or, à l'époque de notre histoire, avaient un aspect tout différent de celui qu'offraient la Victoire ramenée dans la ville, et la Paix éternelle, bienfaits que des inscriptions flatteuses annonçaient comme étant dus au glaive de Théodose. Quatre à cinq machines de guerre, servant à lancer des traits de la plus grande dimension, étaient placées sur le haut de l'arc de triomphe, et ce qui avait été destiné dans l'origine à être un ornement d'architecture était alors changé en instrument de défense.

La soirée commençait, et la brise douce et rafraîchissante qui venait de la mer invitait les passans dont les affaires n'étaient pas très-urgentes à marcher lentement, et à jeter un coup d'œil sur cette porte pittoresque et sur les divers prodiges de la nature et de l'art que la ville de Constantinople présentait aux habitans aussi bien qu'aux étrangers.

Un individu semblait pourtant montrer plus d'admiration et de curiosité qu'on n'aurait dû en attendre d'un homme né dans la ville. Il jetait sur toutes les beautés qui l'entouraient un coup d'œil rapide et surpris qui indiquait une imagination excitée par la vue d'objets nouveaux pour lui. Son extérieur annonçait un étranger et un militaire; et, d'après son teint, il semblait avoir reçu le jour loin de la métropole de l'empire grec, quel que fût le hasard qui l'amenât en ce moment à la Porte d'Or, ou quelle que fût la place qu'il occupât au service de l'empereur.

C'était un jeune homme d'environ vingt-deux ans. Il était bien fait, et montrait la vigueur d'un athlète, qualités que savaient apprécier les habitans de Constantinople, à qui l'habitude de fréquenter les jeux publics avait appris du moins à savoir juger de la forme de l'homme, puisqu'ils y voyaient, dans l'élite de leurs propres concitoyens, les plus beaux échantillons de la race humaine.

Ils n'étaient pourtant pas en général d'aussi grande taille que l'étranger qui se trouvait à la Porte d'Or, et dont les yeux bleus et perçans, et les cheveux blonds qui sortaient de dessous un casque léger, élégamment revêtu d'ornemens en argent, et surmonté d'un cimier qui représentait un dragon ouvrant une gueule terrible, annonçaient qu'il avait reçu le jour dans le Nord, ce que confirmait aussi l'extrême blancheur de son teint. Mais quoiqu'il eût un extérieur et des traits éminemment distingués, sa beauté ne lui donnait pas un air efféminé; au contraire, il n'était pas moins remarquable par sa force que par l'air de confiance et de calme avec lequel il semblait considérer les merveilles qui l'entouraient. Son regard n'indiquait pas la stupidité impuissante d'une âme ignorante et incapable de s'instruire, mais exprimait cette intelligence prompte qui comprend la plus grande partie des informations qu'elle reçoit, et qui commande à l'esprit de faire des efforts pour pénétrer ce qu'il n'a pas encore compris, ou ce qu'il peut craindre d'avoir mal jugé. Ce regard de vive attention et d'intelligence fixait l'intérêt général sur ce jeune Barbare; et tandis que les spectateurs de cette scène étaient surpris qu'un sauvage arrivé de quelque coin inconnu ou éloigné de l'univers eût un aspect plein de noblesse qui annonçait une âme si élevée, ils étaient saisis de respect en voyant le sang froid avec lequel il examinait tant de choses dont la forme, la splendeur et l'usage devaient être une nouveauté pour lui.

L'équipement de ce jeune homme offrait un singulier mélange de magnificence et de mollesse, qui permit à ceux des spectateurs qui avaient quelque expérience de découvrir quelle était sa nation, et en quelle qualité il servait. Nous avons déjà parlé du cimier fantasque qui distinguait le casque de l'étranger; il faut que l'imagination du lecteur y ajoute une petite cuirasse en argent, mais si étroite qu'elle ne protégeait que très-imparfaitement la large poitrine pour laquelle elle semblait plutôt un ornement qu'une armure défensive; et si un dard lancé avec force, ou une flèche bien acérée, eût frappé ce riche bouclier, il y aurait eu peu d'espoir qu'il fût une protection suffisante pour le sein qu'il ne couvrait qu'en partie.

Entre les deux épaules, il lui tombait sur le dos

ce qui paraissait une peau d'ours ; mais en l'examinant de plus près on voyait que ce n'était qu'une imitation très-adroite des dépouilles que procure la chasse de cet animal. Dans le fait, c'était un surcot en soie très-forte, dont le tissu poilu était travaillé de manière à présenter, vu à quelque distance, la ressemblance assez exacte d'une peau d'ours. Un léger sabre à lame courbe, ou cimeterre, dont le fourreau était d'or et d'ivoire, était suspendu au côté gauche de l'étranger, et la poignée richement ornée en paraissait beaucoup trop petite pour la large main du jeune Hercule qui portait cette arme élégante. Un vêtement de couleur pourpre qui lui dessinait la taille, lui descendait un peu au-dessous des genoux, qui étaient nus ainsi que le haut de ses jambes. Ses sandales étaient retenues par des rubans qui remontaient en se croisant du coude-pied jusqu'au bas du mollet où ils étaient attachés par une pièce d'or au coin de l'empereur régnant, et qu'on avait transformée à cet effet en une sorte d'agrafe.

Mais une arme qui paraissait plus particulièrement adaptée à la taille du jeune Barbare, et dont n'aurait pu se servir un homme dont les membres auraient été moins robustes, était une hache d'armes, dont le manche, de l'orme le plus dur, était garni et incrusté d'acier et de cuivre, et entouré de plaques et de cercles de fer pour serrer et maintenir ensemble les différentes parties de bois et de métal. Cette hache était armée de deux lames, dont les tranchans étaient opposés l'un à l'autre, et entre elles s'avançait une pointe de pique bien aiguisée. L'acier, tant de la pique que de deux lames, était parfaitement travaillé et brillait comme un miroir. La longueur de cette arme pesante l'aurait rendue pénible à porter pour un homme moins vigoureux, mais le jeune soldat la maniait avec la même insouciance que si c'eût été une plume. Il est vrai qu'elle avait été faite avec tant d'art et que les différentes parties en avaient été si bien combinées, qu'elle était beaucoup plus légère, soit pour frapper un coup, soit pour le relever ensuite, que n'aurait pu le croire celui qui la voyait entre les mains d'un autre.

Le fait qu'il portait des armes aurait suffi pour prouver que ce militaire était étranger, car les Grecs avaient cette marque de civilisation, qu'ils ne portaient jamais d'armes en temps de paix, à l'exception de ceux qui suivaient l'état militaire, et dont les fonctions exigeaient qu'ils fussent toujours armés. Ces soldats de profession se distinguaient aisément des citoyens paisibles; et ce fut avec des marques évidentes de crainte et presque d'aversion que les passans se dirent les uns aux autres que cet étranger était un Varangien, expression qui signifiait un Barbare de la garde du corps de l'empereur.

Pour suppléer à la valeur qui manquait à leurs sujets et pour se procurer des soldats qui fussent sous leurs ordres personnels, les empereurs grecs avaient eu coutume, depuis bien des années, de prendre à leur solde un certain nombre de soldats d'élite, qui faisaient leur service, aussi près de la personne de leur maître qu'il était possible, en qualité de gardes-du-corps. Comme ils joignaient à une discipline et à une fidélité inflexibles la force du corps et un courage indomptable, ils étaient assez nombreux, non-seulement pour résister à toute tentative de trahison contre l'empereur, mais pour réprimer des rebellions ouvertes, à moins qu'elles ne fussent appuyées par une grande partie de la force militaire. Ils recevaient donc une paie libérale; leur rang et la réputation de prouesse qu'ils avaient acquise leur donnaient une grande considération chez un peuple dont la renommée, en fait de bravoure, ne s'était pas élevée bien haut depuis quelques siècles, et si, comme étrangers et comme membres d'un corps privilégié, les Varangiens étaient quelquefois chargés d'exécuter des ordres arbitraires qui excitaient contre eux l'animadversion publique, les Grecs étaient si portés à les craindre, quoiqu'ils les vissent de mauvais œil que ces vaillans étrangers se mettaient fort peu en peine de ce que pensaient d'eux les habitans de Constantinople. Leur costume, leur équipement, quand ils étaient dans la ville, avait quelque chose de riche ou plutôt de fastueux, semblable à ce que nous venons de décrire, et n'avait qu'un rapport éloigné avec la mise des Varangiens dans les forêts qui les avaient vus naître. Mais quand les soldats composant ce corps d'élite étaient requis pour faire leur service hors de la ville, on leur fournissait des armes et des armures plus semblables à celles qu'ils étaient habitués à porter dans leur propre pays, moins brillantes, mais plus terribles; et c'était ainsi qu'ils recevaient l'ordre de se mettre en campagne.

Ce corps de Varangiens, nom qui, d'après une interprétation qu'on en donne, s'appliquait en général aux Barbares, avait été formé, dans un siècle plus éloigné, d'hommes errans et de pirates du Nord, qu'un amour pour les aventures, le plus vif peut-être qu'on ait jamais conçu, et un mépris pour le danger, sans égal dans l'histoire de la race humaine, portaient à s'ouvrir des routes nouvelles sur l'Océan. « La piraterie, dit Gibbon, avec son énergie ordinaire, était l'exercice, le métier, la gloire et la vertu des jeunes Scandinaves. Las d'un climat glacé et des limites étroites qui les resserraient, ils se levaient à la fin d'un banquet, saisissaient leurs armes, sonnaient de leur cor, montaient sur leurs navires, et allaient visiter toutes les côtes qui leur promettaient des dépouilles ou un établissement (1). »

Les conquêtes que firent en France ces sauvages rois de la mer, comme on les appelait, ont effacé le souvenir d'autres héros du Nord, qui, long-temps avant le règne de Comnène, firent des excursions jusqu'à Constantinople, et virent de leurs propres yeux l'opulence et la faiblesse de l'empire grec. Un grand nombre traversèrent, pour s'y rendre, les déserts de la Russie; d'autres y arrivèrent par la Méditerranée sur leurs serpens marins, nom que ces pirates donnaient à leurs navires. Les empereurs grecs, effrayés à l'aspect de ces audacieux habitans de la zone glaciale, eurent recours au système politique qu'adopte ordinairement un peuple riche et peu belliqueux : ils achetèrent à prix d'or le service de leurs armes. Ainsi se forma un corps de satellites, plus distingué par sa valeur que les fameuses cohortes prétoriennes de Rome; et, peut-être parce qu'ils

---

(1) *Histoire de la décadence et de la chute de l'empire romain*, chap. LV. (*Note de l'auteur.*)

étaient moins nombreux, ils furent constamment fidèles à leurs nouveaux princes.

Mais à une époque plus rapprochée, il commença à devenir plus difficile aux empereurs de se procurer des recrues pour leurs corps d'élite, les peuples du Nord ayant renoncé en grande partie à leurs habitudes de piraterie vagabonde, qui avaient amené leurs ancêtres du détroit d'Elseneur à celui de Sestos et d'Abydos. Le corps des Varangiens se serait donc éteint bientôt, ou il aurait dégénéré nécessairement, si les conquêtes faites bien loin dans l'Occident par les Normands n'eussent envoyé à l'aide de Comnène un renfort nombreux d'individus qui avaient été dépouillés de leurs biens dans les îles de la Grande-Bretagne, et particulièrement en Angleterre, et qui servirent à recruter sa garde favorite. C'étaient par le fait des Anglo-Saxons ; mais dans la confusion des idées de géographie de la cour de Constantinople, on les nomma assez naturellement Anglo-Danois, leur pays natal étant confondu avec la Thulé des anciens, expression par laquelle on doit entendre, à proprement parler, l'archipel des îles de Shetland et des Orcades, mais qui, suivant l'idée des Grecs, s'appliquait aussi, soit au Danemark, soit à la Grande-Bretagne. Au surplus, ces émigrans parlaient une langue qui ne différait pas essentiellement de celle des premiers Varangiens, et ils en adoptèrent le nom d'autant plus aisément qu'il semblait leur rappeler leur malheureux destin, puisque ce mot pouvait aussi s'interpréter comme signifiant des exilés. A l'exception de deux ou trois commandans en chef, que l'empereur jugeait dignes de cette marque d'une haute confiance, les Varangiens avaient pour officiers des hommes de leur propre nation. Grâce à tant de priviléges, et à l'arrivée successive d'un certain nombre de leurs concitoyens, suivant que les croisades, les pélerinages, ou le mécontentement dans leur pays, amenaient dans l'Orient de nouveaux essaims d'Anglo-Saxons ou Anglo-Danois, les Varangiens subsistèrent jusqu'aux derniers jours de l'empire grec, conservant leur ancienne langue : ainsi que la fidélité irréprochable et l'esprit martial qui avaient caractérisé leurs pères.

Les détails que nous venons de donner sur la garde varangienne sont strictement historiques ; ce qui pourrait se prouver en citant les historiens bizantins, dont la plupart, ainsi que Villehardouin dans sa relation de la conquête de Constantinople par les Francs et les Vénitiens, font mention, à plusieurs reprises, de cette célèbre et singulière troupe d'Anglais, formant une garde du corps soudoyée, au service des empereurs grecs (1).

Nous en avons assez dit pour expliquer comment il arrivait qu'un Varangien se trouvât près de la Porte d'Or. Maintenant nous pouvons continuer l'histoire que nous avons commencée.

On ne doit pas trouver extraordinaire que ce soldat de la garde du corps fût regardé par les passans avec un certain degré de curiosité. On doit supposer

(1) Ducange a déployé beaucoup d'érudition sur ce sujet curieux, comme on peut le voir dans ses notes sur l'*Histoire de Constantinople sous les empereurs français*, par Villehardouin. Paris, 1637, in-folio, pag. 196. On peut aussi consulter l'histoire de Gibbon. (*Note de l'auteur.*)

que, d'après leurs devoirs particuliers, ils avaient peu de rapports ou de communications avec les habitans. Ils avaient en outre à exercer de temps en temps parmi eux des fonctions de police qui les rendaient en général des objets de crainte plutôt que d'affection ; et ils savaient en même temps que leur haute paie, leur brillante tenue, et le service qu'ils faisaient près de la personne de l'empereur, étaient un sujet d'envie pour les autres troupes. Ils se tenaient donc presque constamment dans les environs de leurs casernes, et ils s'en écartaient rarement, à moins qu'ils ne fussent chargés de quelque mission par le gouvernement.

Dans cette situation des choses, il semblait naturel qu'un peuple aussi curieux que l'étaient les Grecs s'occupât à considérer cet étranger, qui tantôt s'arrêtait dans un endroit, tantôt marchait en long et en large, comme un homme qui ne pouvait trouver un lieu qu'il cherchait, ou qui avait manqué quelqu'un avec qui il avait un rendez-vous. L'esprit des passans trouvait mille manières différentes et contradictoires d'expliquer sa conduite. — C'est un Varangien, dit un citoyen à un autre, et un Varangien qui a quelque mission à remplir. — Hem ! — Je crois donc pouvoir vous dire à l'oreille....

— Quelle mission croyez-vous qu'il ait? demanda celui à qui le premier avait adressé la parole.

— Dieux et déesses ! répondit le nouvelliste de Constantinople, vous imaginez-vous que je puisse vous le dire ? Mais supposez qu'il soit ici à rôder pour entendre ce qu'on dit de l'empereur.

— Cela n'est pas vraisemblable. Ces Varangiens

ne parlent pas notre langue, et ils ne sont nullement propres à jouer le rôle d'espions, puisqu'il en est très-peu qui puissent prétendre à une légère connaissance de la langue grecque. Je pense donc qu'il n'est pas probable que l'empereur emploie comme espion un homme qui ne comprend pas le langage du pays.

— Mais si, parmi ces soldats barbares, répliqua le politique, il se trouve, comme tout le monde le croit, des gens qui savent parler presque toutes les langues, vous conviendrez que ceux-là sont tout-à-fait propres à ce métier, puisqu'ils possèdent le talent nécessaire pour voir, et pour faire rapport de ce qu'ils ont vu, tandis que personne n'a la moindre idée de les soupçonner.

— Cela est possible, dit son compagnon : mais puisque nous voyons si clairement le pied et les griffes du renard sortir de dessous la toison de la prétendue brebis, ou pour mieux dire, si vous le permettez, de dessous la peau d'ours, ne ferions-nous pas mieux de retourner chez nous, avant qu'on ne prétende que nous avons insulté un garde varangien ?

La crainte du danger auquel faisait allusion le dernier interlocuteur, qui était un politique beaucoup plus âgé et plus expérimenté que son ami, les détermina tous deux à faire une prompte retraite. Ils ajustèrent leurs manteaux, se prirent par le bras, et parlant avec volubilité et à voix basse en élevant de nouveaux motifs de soupçon, ils prirent, serrés l'un contre l'autre, le chemin de leurs demeures, qui étaient situées dans un autre quartier de Constantinople.

Pendant ce temps le soleil s'était presque couché, et l'ombre prolongée des murs, des boulevards et de l'arc de triomphe s'avançait vers l'orient, et répandait une obscurité plus profonde. Le Varangien sembla fatigué du cercle étroit dans lequel il s'était alors promené plus d'une heure, et où il restait encore, comme un esprit captif qui ne peut quitter le lieu où il se trouve avant que le charme qui l'y a appelé ait été levé. Jetant un regard d'impatience vers l'occident, où le soleil se couchait dans une masse de lumière derrière un beau bosquet de cyprès, le barbare chercha à s'arranger de son mieux sur un des bancs de pierre qui étaient placés sous l'ombre de l'arc de triomphe de Théodose, posa contre lui sa hache, qui était sa principale arme, s'enveloppa de son manteau, et quoique son costume ne fût pas celui qui était le plus convenable pour dormir, ni le lieu celui qu'on aurait dû choisir pour se livrer au repos, en moins de trois minutes il était endormi. L'impulsion irrésistible qui le portait à chercher du repos dans un endroit si peu propre à lui en procurer pouvait être la fatigue résultant du service qui l'avait obligé à veiller toute la nuit précédente. Mais en s'abandonnant à cet accès passager d'oubli de tout ce qui l'entourait, son esprit restait tellement actif qu'il semblait veiller les yeux fermés ; et jamais limier ne dormit d'un sommeil plus léger que notre Anglo-Saxon à la Porte d'Or de Constantinople.

L'étranger, pendant son sommeil, devint un sujet d'observation pour les passans que le hasard amenait, comme il l'avait été pendant sa promenade. Deux hommes s'avancèrent en même temps sous l'arc de triomphe. L'un, dont l'extérieur annonçait plus d'agilité que de vigueur, se nommait Lysimaque, et était dessinateur de profession. Un rouleau de papier qu'il tenait en main, et un petit sac contenant ses couleurs ou ses crayons, formaient tout le fonds de son commerce, et la connaissance qu'il avait des restes des chefs-d'œuvre de l'art des anciens lui donnait malheureusement plus de facilité pour en parler qu'il n'avait de talent pour l'exécution. Son compagnon, homme dont les formes étaient admirables, et qui, à cet égard, ressemblait au jeune Barbare, mais à qui l'expression de ses traits donnait l'air d'un rustre et d'un paysan, était le lutteur Stéphanos, bien connu dans la Palestre.

—Arrêtons-nous ici, mon ami, dit l'artiste en prenant ses crayons, jusqu'à ce que j'aie fait l'esquisse de ce jeune Hercule.

—Je croyais qu'Hercule était Grec, répondit le lutteur; cet animal endormi est un barbare.

Son ton indiquait qu'il était offensé, et le dessinateur s'empressa d'apaiser le mécontentement qu'il avait excité sans y penser. Stéphanos, connu sous le surnom de Castor, et très-distingué dans les exercices gymnastiques, était pour le petit artiste une sorte de patron; et la réputation dont il jouissait pouvait contribuer à faire connaître les talens de son ami.

—La beauté et la force, dit l'adroit dessinateur, n'appartiennent exclusivement à aucune nation; et puisse notre muse ne m'accorder jamais ses faveurs, si mon plus grand plaisir n'est de comparer ces deux qualités telles que les possède le sauvage ignorant du

5.

Nord, et telles qu'on les trouve dans le favori d'un peuple éclairé, qui a ajouté la science gymnastique, portée au plus haut degré, aux dons naturels les plus distingués, réunion que nous ne pouvons trouver que dans les chefs-d'œuvre de Phidias et de Praxitèle, ou dans le modèle vivant des champions de l'ancien Gymnase.

— Je conviens que ce Varangien est un bel homme, répliqua l'athlète, d'un ton adouci; mais le pauvre sauvage, pendant toute sa vie, n'a peut-être jamais eu une seule goutte d'huile répandue sur sa poitrine. Hercule institua les jeux isthmiques.

— Mais qu'a-t-il donc si près de lui en dormant, et sous sa peau d'ours? s'écria l'artiste. N'est-ce pas une massue?

— Partons, partons, mon ami, dit Stéphanos, tandis qu'ils regardaient de plus près le dormeur. Ne savez-vous pas que c'est l'arme ordinaire de ces Barbares? Ils ne font pas la guerre avec des sabres ou des lances, comme pour attaquer les créatures de chair et de sang; ils se servent de massues et de haches, comme si leurs ennemis avaient des membres de pierre et des muscles de chêne. Je gagerais ma couronne (de persil fané) qu'il est ici pour arrêter quelque chef distingué qui a offensé le gouvernement; sans cela, il ne serait pas armé d'une manière si formidable. Marchons, mon bon Lysimaque, marchons, et respectons le sommeil de l'ours.

A ces mots, le champion de la Palestre passa son chemin, ayant l'air d'avoir moins de confiance en lui-même que sa taille et sa force n'auraient dû lui en inspirer.

D'autres passans arrivèrent, mais le nombre en diminua à mesure que la nuit avançait, et que l'ombre des cyprès se prolongeait. Deux femmes de la classe inférieure jetèrent un coup d'œil sur le dormeur. — Sainte Marie! dit l'une, ce jeune homme me rappelle ce conte oriental, dans lequel un génie enlève un brave et jeune prince de sa chambre nuptiale en Égypte, et le dépose tout endormi à la porte de Damas. Je vais éveiller ce pauvre agneau, de crainte que le serein de la nuit ne lui fasse mal.

Mal! répéta sa compagne qui était plus âgée, et qui avait un air bourru; allez, allez, il ne lui fera pas plus de mal que n'en fait au cygne sauvage l'eau froide du Cydnus. — Un agneau, vraiment! Sur ma foi! c'est un loup ou un ours, ou tout au moins un Varangien; et pas une matrone modeste ne voudrait adresser un mot à un Barbare si incivilisé. Je vous dirai ce que m'a fait un de ces Anglo-Danois....

Tout en parlant ainsi, elle entraîna sa compagne, qui la suivit un peu à contre-cœur, et qui semblait écouter son babil, tandis qu'elle se retournait pour regarder l'étranger endormi.

La disparition totale du soleil, et presque en même temps celle du crépuscule, qui dure si peu dans ce pays voisin du tropique, (car la plus longue durée de cette lumière douce et tranquille est un des plus grands avantages que possède un climat plus tempéré), servit de signal aux gardes de la ville pour venir fermer les deux battans de la Porte d'Or. Ils laissèrent cependant un petit guichet fermé par un seul verrou, pour admettre ceux que des affaires pouvaient avoir retenus tard hors des murs, et, dans le fait, quiconque était disposé à débourser une petite pièce de monnaie. La position du Varangien, et le sommeil auquel il paraissait livré, n'échappèrent pas aux regards de ceux qui étaient chargés de la garde de cette porte, et qui faisaient partie des troupes grecques ordinaires, dont il y avait un poste près de là.

— Par Castor et Pollux! dit le centurion; — car les Grecs juraient par les anciennes divinités, quoiqu'ils ne les adorassent plus, et conservaient les noms des grades militaires avec lesquels « les valeureux Romains avaient ébranlé le monde, » quelque dégénérés qu'ils fussent, quant aux mœurs; — par Castor et Pollux! camarades, nous ne pouvons récolter de l'or à cette porte, suivant ce que nous en dit la légende; mais ce sera notre faute si nous n'y gagnons pas une bonne moisson d'argent : et quoique l'âge d'or soit le plus ancien et le plus honorable, c'est beaucoup dans ce siècle dégénéré quand on peut voir briller le métal inférieur.

— Nous serions indignes de marcher à la suite du brave centurion Harpax! répondit un soldat de la garde, que sa tête rasée, à l'exception d'une touffe de cheveux, annonçait pour être musulman, si nous ne regardions pas l'argent comme une cause suffisante pour se mettre en mouvement, quand il n'y a pas moyen de se procurer de l'or. Et par la foi d'un honnête homme! je crois que nous pourrions à peine en dire la couleur, car voilà bien des lunes que nous n'en avons vu sortir du trésor impérial, ou que nous n'en avons obtenu aux dépens des particuliers.

— Mais l'argent dont je parle, tu le verras de tes propres yeux, et tu l'entendras sonner dans la bourse qui contient notre trésor commun.

— Qui le contenait, vous voulez dire, vaillant commandant. Mais je ne saurais dire ce que cette bourse contient aujourd'hui, si ce n'est quelques misérables oboles, pour acheter certaines herbes conservées et du poisson salé, afin de faire passer notre ration de vin frelaté. Je donne volontiers au diable ma part de ce qui s'y trouve, si notre bourse ou notre gamelle offre quelque trace d'un âge plus riche que l'âge d'airain.

— Je remplirai notre trésor, reprit le centurion, quand il serait encore plus à sec qu'il ne l'est. Placez-vous près du guichet, mes maîtres ; songez que nous sommes la garde impériale, ou la garde de la cité impériale, ce qui est la même chose ; et ne laissons passer trop vite personne devant nous. — Et à présent que nous voilà sur nos gardes, je vais vous développer... Mais un instant, ajouta le vaillant centurion. Sommes-nous tous ici de vrais frères ? connaissez-vous bien toutes les anciennes et louables coutumes de notre corps : — gardant le secret sur tout ce qui est pour le profit et l'avantage de notre compagnie, aidant et favorisant la cause commune, sans délations et sans trahison ?

— Vous êtes étrangement soupçonneux, cette nuit, répondit le même garde. Il me semble que nous vous avons soutenu, sans jouer le rôle de rapporteurs, dans des affaires beaucoup plus importantes. — Avez-vous oublié celle du joaillier ? Ce n'était ni l'âge d'or, ni celui d'argent, mais s'il y en a jamais eu un de diamans...

— Paix! bon Ismaël l'infidèle; — car, grâce au ciel, nous avons ici toutes les religions, et par conséquent nous pouvons espérer que la véritable se trouve parmi nous. — Paix! te dis-je; tu n'as pas besoin de divulguer d'anciens secrets pour prouver que tu es en état d'en garder de nouveaux. Viens ici; regarde, à travers le guichet, sur le banc de pierre à l'ombre de la grande porte. — Dis-moi, mon vieux camarade : qu'y vois-tu ?

— Un homme endormi. — De par le ciel ! à ce que je puis voir au clair de lune, je crois que c'est un de ces Barbares, un de ces chiens d'insulaires en qui l'empereur met tant de confiance.

— Et dans sa situation, ton cerveau fertile ne trouve-t-il rien qui puisse tendre à notre avantage ?

— Si vraiment. Ils ont une forte paie, quoiqu'ils ne soient que des barbares, des chiens de païens, en comparaison de nous autres musulmans et nazaréens. Ce drôle s'est enivré, et il n'a pu retrouver à temps le chemin de la caserne. Il sera sévèrement puni, à moins que nous ne consentions à le laisser rentrer; et, pour nous y déterminer, il faut qu'il vide entre nos mains ce que contient sa ceinture.

— Tout au moins! tout au moins! s'écrièrent les soldats de la garde urbaine d'un ton animé, mais en ayant soin de retenir leur voix.

— Et c'est là tout le profit que vous voudriez tirer d'une telle occasion? dit Harpax avec dédain. Non, non, camarades. Si cet animal étranger nous échappe, il faut du moins qu'il nous laisse sa toison. Ne voyez-vous pas briller son casque et sa cuirasse ? il me semble que cela annonce de bel et bon argent, quoiqu'il soit possible que la lame soit un peu mince. Voilà la mine d'argent dont je vous parlais, et qui est prête à enrichir les mains adroites qui sauront l'exploiter.

— Mais, dit avec timidité un jeune Grec, faisant partie de la garde, récemment enrôlé dans ce corps, et qui n'en connaissait pas encore l'esprit, ce Barbare, comme vous l'appelez, n'en est pas moins un soldat de l'empereur, et si nous sommes convaincus de l'avoir privé de ses armes, nous serons justement punis de ce délit militaire.

— Écoutez un nouveau Lycurgue, arrivé pour nous apprendre nos devoirs ! dit le centurion. Sachez d'abord, jeune homme, que la cohorte métropolitaine ne peut jamais commettre un délit, et apprenez ensuite que par conséquent elle ne peut jamais en être convaincue. Supposez que nous trouvions rôdant un Barbare, un Varangien, comme ce dormeur, un Franc peut-être, ou quelque autre de ces étrangers ayant des noms impossibles à prononcer, tandis qu'ils nous déshonorent en portant le costume et les armes des vrais soldats romains, devons-nous, nous qui sommes chargés de la défense d'un poste important, laisser passer par notre poterne un homme si suspect, au risque de trahir en même temps la Porte d'Or et les cœurs d'or qui la gardent, et de voir la porte livrée, et nos cous proprement coupés ?

— En ce cas, laissez-le de l'autre côté de la porte, répliqua le soldat de nouvelle recrue, si vous le trouvez si dangereux. Quant à moi, je ne le craindrais pas, s'il était dépouillé de cette hache à double tranchant qu'on aperçoit sous son manteau, et qui brille d'un éclat de plus mauvais augure que la comète dont les astrologues prédisent tant de choses étranges.

— Nous sommes parfaitement d'accord, répondit Harpax. Vous parlez en jeune homme qui a de la modestie et du bons sens; et je vous promets qu'en dépouillant ce Barbare, nous ne ferons rien perdre à l'état. Chacun de ces sauvages a un double assortiment d'armes : les unes sont damasquinées et incrustées d'or, d'argent et d'ivoire, attendu le service qu'ils ont à faire dans le palais du prince; les autres sont garnies d'un triple airain, lourdes, massives et irrésistibles. Or en prenant à ce drôle suspect son casque et sa cuirasse d'argent, vous ne faites que le réduire à ses armes ordinaires, et vous ne lui en verrez pas moins celles qui lui sont nécessaires pour remplir ses devoirs.

— Fort bien, mais je ne vois pas que ce raisonnement aille plus loin que de nous autoriser à dépouiller ce Varangien de son armure, pour la lui rendre ensuite avec soin demain matin, s'il arrive qu'il n'y ait rien à alléguer contre lui. Cependant je m'étais figuré, je ne sais trop comment, que nous devions la confisquer à notre profit.

— Sans contredit; et telle a été la règle de notre corps depuis le temps de l'excellent centurion Sisyphe; car ce fut alors qu'il fut décidé pour la première fois que toutes marchandises de contrebande, toutes armes suspectes, etc., qu'on introduirait dans la ville pendant la nuit, seraient confisquées au profit des soldats de garde; et si l'empereur trouve que les marchandises ou les armes ont été saisies injustement, j'espère qu'il est assez riche pour indemniser la partie lésée.

—Mais pourtant.... mais pourtant, dit Sébastès Mitylène, le jeune Grec de nouvelle recrue, si l'empereur découvrait...

— Ane que tu es! répliqua Harpax, il ne pourrait le découvrir, quand il aurait tous les yeux d'Argus. Nous voici douze, tenus par serment, d'après les règles du corps, de faire tous le même récit ; voilà un Barbare qui, s'il conserve quelque souvenir de l'affaire, ce dont je doute fort, car le logement qu'il a choisi pour la nuit prouve qu'il a usé largement de la cruche à vin, ne pourra raconter que quelque sotte histoire sur ce qu'il a perdu son armure. Et nous, mes maîtres, ajouta-t-il en jetant un coup d'œil à la ronde sur tous ses compagnons, nous le démentirons fortement ; j'espère que nous avons assez de courage pour cela. Qui croira-t-on ? les cavaliers de la garde de la ville, assurément.

— Tout au contraire, dit Sébastès, je suis né bien loin d'ici ; et cependant, même dans l'île de Mitylène, j'ai entendu dire que les cavaliers de la garde urbaine de Constantinople étaient des menteurs si accomplis que le serment d'un seul Barbare aurait plus de poids que celui de tout ce corps chrétien, s'il s'y trouve quelques chrétiens ; ce dont il ne faudrait pas jurer, à en juger d'après cet homme à teint basané qui n'a sur la tête qu'une touffe de cheveux,

— Et quand cela serait, répliqua le centurion d'un air sombre et sinistre, il y a un moyen pour que l'affaire ne nous laisse aucune inquiétude.

Sébastès, fixant les yeux sur son commandant, mit la main sur la poignée d'un poignard oriental qu'il portait, comme pour demander s'il l'avait bien compris. Le centurion fit un signe de tête affirmatif.

— Tout jeune que je suis, dit Sébastès, j'ai déjà été pirate pendant cinq ans sur les mers ; j'en ai passé trois sur les montagnes comme voleur, et c'est la première fois que j'ai vu ou entendu, dans un cas semblable, un homme hésiter à prendre le seul parti qui convienne à un brave dans une affaire urgente.

Harpax frappa dans la main du jeune soldat, en signe qu'il partageait une opinion si tranchante ; mais quand il reprit la parole, sa voix tremblait.

— Comment nous y prendrons-nous? demanda-t-il à Sébastès, qu'en sa qualité de recrue il avait d'abord regardé comme le dernier soldat du corps, mais qui venait de s'élever tout à coup à la plus haute place dans son estime.

— N'importe comment, répondit l'insulaire ; je vois ici des arcs et des flèches ; et si nul autre ne sait s'en servir...

— Ce ne sont pas les armes régulières de notre corps, dit le centurion.

— Vous n'en êtes que plus propres à garder les portes d'une ville, dit le jeune soldat avec un éclat de rire qui avait quelque chose d'insultant. Eh bien, soit! je sais tirer comme un Scythe. Faites-moi seulement un signe de tête : une flèche lui brisera le crâne et lui traversera la cervelle, et la seconde le frappera droit au cœur.

— Bravo! mon noble camarade, dit Harpax avec une joie affectée, mais toujours à voix basse, comme par respect pour le sommeil du Varangien : — tels étaient les bandits des anciens temps, les Diomède, les Corynète, les Sinius, les Scyron, les Procuste. Il fallut des demi-dieux pour en faire ce qu'on appelait mal à propos justice; et leurs successeurs, leurs égaux resteront maîtres du continent et des îles de la Grèce jusqu'à ce qu'Hercule et Thésée reparaissent de nouveau sur la terre. Cependant, ne tirez point, mon vaillant Sébastès; ne bandez pas cet arc, mon estimable Mitylénien : — vous pourriez blesser au lieu de tuer.

— C'est à quoi je suis peu habitué, dit Sébastès en faisant entendre une seconde fois ce rire discordant et ricaneur qui déchira les oreilles du centurion, quoiqu'il eût peine à dire pourquoi il le trouvait si particulièrement désagréable.

— Si je ne prends garde à moi, se dit Harpax, nous aurons deux centurions de la garde au lieu d'un. Il faut que j'aie l'œil sur ce Mitylénien. Prenant alors un ton d'autorité, il lui dit tout haut : — Ecoutez, jeune homme; il est dur de décourager un commençant. Si vous avez vécu sur la mer et dans les bois de la manière que vous nous le dites, vous devez savoir jouer le rôle de sicaire; voilà votre homme ivre ou endormi, nous ne savons lequel. — Dans un cas comme dans l'autre, vous aurez soin de lui.

— Et que me reviendra-t-il de poignarder un homme ivre ou endormi, noble centurion? demanda le Grec. — Mais vous aimeriez peut-être à vous charger vous-même de cette besogne, ajouta-t-il d'un ton un peu ironique.

— Faites ce qui vous est commandé, l'ami, répondit Harpax, lui montrant l'escalier de la tourelle qui conduisait du haut des murailles jusqu'à l'entrée cintrée sous le porche.

— Il a le vrai pas furtif du chat, murmura le centurion, pendant que la sentinelle descendait pour commettre un crime que son devoir aurait été de prévenir. — Il faut couper la crête de ce jeune coq, ou il deviendra le roi du juchoir. Mais voyons s'il a la main aussi résolue que la langue, et ensuite nous réfléchirons sur la tournure à donner à cette affaire.

Tandis qu'Harpax parlait ainsi entre ses dents, en s'adressant à lui-même plutôt qu'à aucun de ses compagnons, le Mitylénien sortit de dessous la porte cintrée, marchant sur la pointe des pieds, mais fort vite et dans le plus profond silence. — Son poignard, qu'il avait tiré en descendant, brillait dans sa main, qu'il tenait un peu derrière lui, comme pour le cacher. L'assassin resta moins d'une seconde penché sur le dormeur, comme pour bien reconnaître l'intervalle qui existait entre la cuirasse d'argent et le corps qu'elle protégeait à peine ; mais à l'instant où le coup descendait, le Varangien se releva tout à coup, détourna le bras armé du meurtrier en le frappant du manche de sa hache, et, tandis qu'il parait ainsi le coup qui lui était destiné, il en porta au Grec un si terrible que celui-ci n'avait jamais appris au Pancration à en asséner de semblables. Sébastès eut à peine le temps d'appeler à son secours ses camarades, qui étaient sur les murailles. Ils avaient été témoins de ce qui s'était passé, et ils virent alors le Varangien appuyer un pied sur leur compagnon renversé, et brandir en l'air son arme formidable dont le sifflement fit retentir la voûte d'un son sinistre, tandis qu'il s'arrêtait un instant, la hache levée, avant de porter le dernier coup à son ennemi. Il se fit un mouvement parmi les gardes, comme si quelques-uns d'entre eux eussent eu dessein de descendre pour secourir Sébastès, quoiqu'ils ne parussent pas y mettre beaucoup d'empressement; mais Harpax se hâta de leur ordonner à demi-voix de n'en rien faire.

— Que chacun reste à son poste, quoi qu'il puisse arriver, leur dit-il. Je vois venir un capitaine de la garde. Le secret n'est connu que de nous, si le sauvage a tué le Mitylénien, comme je le crois fort, car il ne remue ni pied ni main. Mais s'il vit encore, camarades, faites-vous un front d'airain. Il est seul, et nous sommes douze. Tout ce que nous savons de son projet, c'est qu'il est descendu pour voir pourquoi ce Barbare dormait si près du poste.

Tandis que le centurion s'empressait de faire connaître ainsi à demi-mot ses intentions à ses compagnons de garde, on vit paraître un militaire d'une taille imposante, richement armé, et couvert d'un casque dont le haut cimier brillait au clair de lune, pendant qu'il entrait dans l'ombre de la voûte. Les gardes qui étaient sur le haut de la porte se dirent quelques mots à l'oreille.

— Tirez le verrou; fermez la porte; que le Mitylénien devienne ce qu'il voudra, dit le centurion; nous sommes perdus si nous l'avouons pour être des nôtres. Voici le chef des Varangiens, l'Acolouthos lui-même.

— Eh bien! Hereward, dit l'officier, qui arrivait le dernier sur la scène, parlant une espèce de langue franque généralement en usage parmi les Barbares de la garde, as-tu pris un faucon de nuit?

— Oui, par saint George! répondit le soldat; et cependant, dans mon pays, nous ne l'appellerions qu'un épervier.

— Qui est-il ?

— Il vous le dira lui-même quand j'aurai levé le pied qui lui presse le gosier.

— Lève-le donc.

L'Anglais fit ce qui lui était ordonné; mais dès que le Mitylénien se sentit en liberté, s'échappant avec une légèreté qu'on aurait à peine pu prévoir, il sortit à la hâte de dessous le porche; et, profitant des ornemens compliqués qui avaient, dans l'origine, décoré l'extérieur de la porte, il courut autour des arcs-boutans et des saillies, poursuivi de près par le Varangien, qui, chargé du poids de son armure, était à peine en état de suivre le Grec au pied léger, qui le conduisait d'obstacle en obstacle. L'officier riait de tout son cœur en voyant ces deux figures paraître et disparaître avec la même rapidité en courant autour de l'arc de triomphe de Théodose.

— Par Hercule! dit-il, c'est Hector poursuivi par Achille autour des murs de Troie; mais mon Pélidès aura peine à atteindre le fils de Priam. Hé! fils d'une déesse! fils de Thétis aux pieds blancs! Mais le barbare n'entend pas l'allusion. Holà, Hereward! arrête! Entends du moins ton nom barbare. Ces derniers mots furent prononcés à demi-voix; mais, élevant ensuite le ton, il ajouta : — Ne t'essouffle pas ainsi, bon Hereward; réserve ton haleine: tu peux en avoir encore besoin cette nuit.

— Si c'eût été la volonté de mon chef, répondit le Varangien en revenant avec un air d'humeur, et respirant en homme dont la course a épuisé les forces, je l'aurais tenu aussi serré que levrier tint jamais un lièvre avant de renoncer à la chasse. Sans cette sotte armure, qui encombre un homme sans le protéger, je n'aurais eu que deux bonds à faire pour le saisir à la gorge.

— Autant vaut que tu n'y aies pas réussi, dit l'officier, qui était réellement l'Acolouthos, c'est-à-dire le *Suivant*, nom qu'il portait parce que le devoir du chef des Varangiens était de suivre constamment la personne de l'empereur. Mais voyons de quelle manière nous rentrerons dans la ville ; car si, comme je le soupçonne, c'est un de ces gardes qui a voulu te jouer un mauvais tour, ses compagnons peuvent ne pas être disposés à nous laisser entrer.

— Et n'est-il pas du devoir de Votre Valeur de punir ce manque de discipline ?

— Tais-toi, mon simple sauvage ! Je t'ai dit souvent, très-ignorant Hereward, que les crânes des gens qui viennent de votre froide et boueuse Béotie du nord sont plus propres à recevoir vingt coups de marteau d'enclume qu'à produire une idée spirituelle et ingénieuse. Mais suis-moi, Hereward ; et quoique je sache que montrer les fils déliés de la politique grecque à l'œil grossier d'un Barbare inexpérimenté comme toi, c'est à peu près jeter des perles aux pourceaux, ce qui est défendu par le saint Évangile, cependant comme tu as un cœur bon et fidèle, dont il serait difficile de trouver le semblable, même parmi mes Varangiens, je veux bien, pendant que tu me suis, chercher à t'endoctriner sur quelques points de cette politique. Moi-même, l'Acolouthos, le chef des Varangiens, élevé par leurs haches au grade du plus brave des braves, je consens à me guider par ses principes; et cependant je suis en état, sous tous les rapports, de me diriger à travers les courans opposés de la cour à force de rames et de voiles. C'est donc une condescendance de ma part d'avoir recours à la politique pour faire ce que, dans cette cour impériale, il me serait si facile d'accomplir de force ouverte. — Que penses-tu de cela, bon sauvage?

— Je pense, répondit le Varangien, qui marchait à environ un pas et demi derrière son chef, comme un soldat d'ordonnance de nos jours derrière l'épaule de son officier, je pense que je serais fâché de me troubler la tête de ce que je pourrais faire tout d'un coup avec mes bras.

— N'est-ce pas ce que je disais? dit l'Acolouthos, qui, depuis quelques minutes, s'éloignait de la Porte d'or, et marchait au clair de lune le long des murs, comme s'il eût cherché une autre entrée. Telle est l'étoffe dont est fait ce que vous appelez votre tête. Vos mains et vos bras sont des Achitophel parfaits en comparaison. Écoute-moi, le plus ignorant de tous les animaux, mais, par cette raison même, le plus sûr des confidens et le plus brave des soldats, je t'expliquerai le secret de cette besogne nocturne : et cependant je doute que tu puisses me comprendre, même après mon explication.

— Mon devoir, en ce moment, est de tâcher de comprendre Votre Valeur, dit le Varangien; je veux dire de comprendre votre politique, puisque vous voulez bien me l'expliquer. Quant à votre valeur, ajouta-t-il, je serais bien malheureux si je ne croyais pas déjà en connaître le fort et le faible.

Le général grec rougit un peu; mais il répondit sans changer de voix : — Cela est vrai, mon bon Hereward; nous nous sommes vus l'un et l'autre sur le champ de bataille.

Hereward ne put retenir une légère toux; ce que les grammairiens du temps, qui étaient habiles dans l'art d'employer les accens, auraient interprété comme un éloge assez équivoque de la bravoure militaire de cet officier. Dans le fait, pendant tout leur entretien, la conversation du général, en dépit de son ton affecté d'importance et de supériorité, annonçait un respect évident pour son compagnon, comme pour un homme qui, mis à l'épreuve, pouvait, sous bien des rapports, se montrer, dans une action, meilleur soldat que lui-même. D'une autre part, quand le vigoureux guerrier normand lui répondait, quoique ce fût sans s'écarter des règles du devoir et de la discipline, la discussion ressemblait quelquefois à celle qui pouvait avoir lieu, avant la réforme introduite dans l'armée anglaise par le duc d'York, entre un officier, petit-maître ignorant, et un sergent expérimenté du régiment dans lequel ils servaient tous deux. Il se cachait, sous une apparence de respect, un sentiment intime de supériorité, que le général reconnaissait à demi.

— Tu conviendras, mon simple ami, continua le chef, du même ton qu'auparavant, afin de te conduire par un court chemin au principe le plus profond de la politique qui règne à la cour de Constantinople, que la faveur de l'empereur.... (ici l'officier leva son casque, et le soldat fit semblant d'en faire autant), qui, — que le lieu où il pose le pied soit sacré ! — est le principe vivifiant de la sphère dans laquelle nous respirons, de même que le soleil est celui de l'humanité...

— J'ai entendu nos tribuns dire quelque chose de semblable, dit le Varangien.

— C'est leur devoir de vous instruire, répliqua le chef, et j'espère que les prêtres aussi, en ce qui les concerne, n'oublient pas d'apprendre à mes Varangiens la fidélité qu'ils doivent à l'empereur.

— Ils n'y manquent pas, répondit le soldat, quoique, nous autres exilés, nous connaissions nos devoirs.

— A Dieu ne plaise que j'en doute, dit le commandant des haches-d'armes. Mais ce que je désire te faire comprendre, mon cher Hereward, c'est qu'il existe, quoique peut-être elle ne se trouve pas dans ton climat sombre et lugubre, une race d'insectes qui naissent au premier rayon du jour, et qui expirent quand le soleil se couche ; ce qui leur a fait donner le nom d'éphémères, c'est-à-dire qui ne dure qu'un seul jour. Tel est le cas d'un favori à la cour, tant qu'il jouit des bonnes grâces de Sa Majesté très-sacrée. Heureux celui dont la faveur, s'élevant lorsque la personne du souverain s'élève elle-même au-dessus du niveau qui s'étend autour du trône, se développe dans la première splendeur de la gloire impériale, et qui, conservant son poste pendant l'éclat que jette la couronne à son midi, a le privilége de ne disparaître et de ne mourir qu'avec le dernier rayon du soleil impérial.

— Votre Valeur, dit l'insulaire, parle un langage trop relevé pour que mon intelligence du Nord puisse le comprendre. Il me semble pourtant que, plutôt que de mourir au coucher du soleil, je voudrais, puisqu'il faut que je sois insecte, devenir teigne pendant deux ou trois heures de ténèbres.

— Tel est le sordide désir du vulgaire, Hereward, répondit l'Acolouthos, en prenant un ton de supériorité ; il se contente de jouir de la vie, sans obtenir de distinctions. Nous, au contraire, nous, êtres d'élite, qui formons le cercle intérieur le plus proche de l'empereur Alexis, nous surveillons, avec la jalousie d'une femme, la distribution de ses faveurs, et, nous liguant avec ceux-ci ou contre ceux-là, nous ne laissons échapper aucune occasion de nous placer personnellement devant ses yeux sous le jour le plus favorable.

— Je crois comprendre ce que vous voulez dire. Cependant, quant à mener une pareille vie d'intrigue.... Mais n'importe.

— Cela ne t'importe réellement guère, mon bon Hereward, et tu es heureux de ne pas avoir de goût pour la vie que je viens de décrire. J'ai pourtant vu des Barbares s'élever très-haut dans l'empire ; et s'ils n'ont pas tout-à-fait la flexibilité, la malléabilité, comme on l'appelle, cette heureuse ductilité qui sait céder aux circonstances, j'ai connu des individus issus de tribus barbares, surtout s'ils avaient respiré l'air de la cour depuis leur jeunesse, qui joignaient à une certaine portion de cet esprit flexible une opiniâtreté de caractère, qui, sans exceller à savoir profiter des occasions, a un talent pour en faire naître qui n'est nullement à mépriser. Mais, sans nous arrêter à des comparaisons, il résulte de cette émulation pour la gloire, c'est-à-dire pour la faveur impériale, qui règne parmi les serviteurs de la cour de Sa Majesté très-sacrée, que chacun désire se distinguer en prouvant au souverain non-seulement qu'il entend parfaitement les devoirs de l'emploi dont il est chargé, mais qu'il est même, en cas de besoin, en état de remplir ceux des autres.

— Je comprends, dit le Saxon ; et de là il arrive que les sous-ministres, les soldats, les assistans des grands-officiers de la couronne sont continuellement occupés, non à s'aider les uns les autres, mais à espionner mutuellement leurs actions.

— Précisément, et il n'y a que peu de jours que j'en ai eu une preuve désagréable. Chacun, quelque bornée que puisse être son intelligence, sait parfaitement que le grand protospathaire, titre qui, comme tu dois le savoir, signifie le général en chef des forces de l'empire, a conçu de la haine contre moi, parce que je suis chef de ces redoutables Varangieus, qui jouissent, comme ils le méritent, de priviléges qui les dispensent d'être soumis à l'autorité absolue qu'il possède sur tous les autres corps de l'armée : — autorité qui convient à Nicanor, malgré le son victorieux de son nom, à peu près comme la selle d'un cheval de bataille conviendrait à un bœuf.

— Comment! s'écria le Varangien, le protospathaire prétend-il à quelque autorité sur les nobles exilés? Par le dragon rouge sous lequel nous vivrons et nous mourrons, nous n'obéirons à ame qui vive qu'à Alexis Comnène en personne et à nos officiers.

— Bien et bravement résolu, mon bon Hereward; mais que ta juste indignation ne t'emporte pas jusqu'à prononcer le nom de Sa Majesté très-sacrée sans porter la main à ton casque, et sans y ajouter les épithètes qui conviennent à son rang élevé.

— Je lèverai la main assez haut et assez souvent, quand le service de l'empereur l'exigera, répondit l'habitant du Nord.

—Et j'en serais le garant, dit Achillès Tatius, commandant de la garde du corps impériale varangienne, qui jugea que le moment n'était pas favorable pour insister sur la stricte observation des lois de l'étiquette, ce qui formait une de ses grandes prétentions au nom de soldat. Cependant, continua-t-il, sans la vigilance constante de votre chef, mon enfant, les nobles Varangiens seraient confondus dans la masse générale de l'armée, avec les cohortes païennes des Huns, des Scythes et de ces infidèles à turban, les rénégats turcs; si même votre commandant court quelque danger, c'est parce qu'il maintient la supériorité de ses haches sur les misérables traits des tribus orientales, et sur les javelines des Maures, qui ne sont propres qu'à servir de jouets aux enfans.

— Vous n'êtes exposé à aucun danger dont ces haches ne puissent vous préserver, dit le soldat, en s'approchant d'Achillès avec un air de confiance.

— Ne le sais-je pas? Mais c'est à ton bras seul que l'Acolouthos de Sa Majesté très-sacrée confie maintenant sa sûreté.

— Faites vous-même le calcul de tout ce que peut

faire un soldat, et alors comptez ce bras seul comme en valant deux contre tout homme au service de l'empereur, qui ne fait point partie de notre corps.

— Ecoutez-moi, mon brave ami : ce Nicanor a été assez audacieux pour accuser notre noble corps de pillage sur le champ de bataille, et, dieux et déesses! du crime encore plus sacrilége d'avoir bu le vin précieux qui était destiné pour la bouche auguste de Sa Majesté très-sacrée. Cette accusation étant faite en présence de la personne très-sacrée de l'empereur, tu croiras aisément que je....

— Que vous avez dit à cet insolent qu'il en avait menti par la gorge, s'écria le Varangien; que vous lui avez donné rendez-vous quelque part dans ces environs, et que vous avez donné ordre de vous accompagner à votre pauvre soldat Hereward d'Hampton, que l'honneur que vous lui avez fait rend votre esclave pour toute sa vie. J'aurais seulement désiré que vous m'eussiez dit de prendre mes armes ordinaires; mais, quoiqu'il en soit, j'ai ma hache, et....

Son compagnon saisit le moment de l'interrompre, car il était un peu confus du ton d'enthousiasme du jeune soldat.

— Silence, mon fils! lui dit-il; parle plus bas, mon brave Hereward. Tu comprends mal cette affaire. Avec toi à mon côté, je n'hésiterais certainement pas à combattre cinq hommes comme Nicanor; mais ce n'est pas la loi de ce très-saint empire; ce ne sont pas les sentimens du prince trois fois illustre qui le gouverne aujourd'hui. Tu t'es laissé gâter, mon bon soldat, par les fanfaronnades des Francs, dont nous entendons chaque jour parler davantage.

— Je serais bien fâché de rien emprunter à ceux que vous nommez Francs et que nous appelons Normands, répondit le Varangien avec un air d'humeur et d'un ton bourru.

— Écoute-moi donc, lui dit l'officier tandis qu'ils continuaient à marcher. Écoute les motifs de notre conduite, et réfléchis si une coutume comme celle qu'ils appellent le duel peut avoir lieu dans un pays honnête, civilisé, dans un pays enfin qui est assez heureux pour être sous la domination d'un prince aussi rare qu'Alexis Comnène. Deux seigneurs, deux grands-officiers ont une querelle à la cour, en présence de la personne révérée de l'empereur. La dispute roule sur un poin de fait. Supposez qu'au lieu de soutenir chacun leur opinion par des faits et des raisonnemens, ils adoptent la coutume de ces Francs barbares. — Tu mens par la gorge, dit l'un. — Tu mens jusqu'au fond de tes poumons, réplique l'autre. — Et ils vont se battre en champ clos sur la prairie voisine. Chacun d'eux jure qu'il défend la bonne cause, quoique probablement ni l'un ni l'autre ne connaissent bien précisément le fait. L'un des deux, peut-être le plus brave, le plus vertueux, celui qui a raison, l'Acolouthos de l'empereur, le père des Varangiens, — car la mort n'épargne personne, mon fidèle soldat, — reste sur la place, et l'autre revient exercer son ascendant à la cour; tandis que, si l'affaire eût été décidée d'après les règles du bon sens et de la raison, le vainqueur, comme on l'appelle, aurait été envoyé à l'échafaud. Et cependant telle est la loi des armes, comme votre imagination se plaît à l'appeler, l'ami Hereward.

— Plaise à Votre Valeur, répondit le Barbare, il y a une apparence de bon sens dans ce que vous dites; mais vous me feriez plutôt croire que ce beau clair de lune est aussi noir que la gueule d'un loup, que de me convaincre que je dois m'entendre appeler menteur, sans faire rentrer cette épithète avec la pique de ma hache, dans la gorge de celui qui me l'aurait appliquée. Un démenti est pour un homme la même chose qu'un coup, et un coup dégrade l'homme au rang de l'esclave et de la bête de somme, s'il le reçoit sans en tirer vengeance.

— Oui, voilà ce que c'est! dit Achillès Tatius. Si je pouvais vous apprendre à secouer cette barbarie innée qui vous pousse, vous qui êtes d'ailleurs les soldats les mieux disciplinés qui servent Sa Majesté très-sacrée, à vous livrer des combats à mort....

— Sire capitaine, dit le Varangien d'un ton sombre, suivez mon avis, et prenez les Varangiens tels qu'ils sont. Car, croyez-en ma parole, si vous pouviez leur apprendre à souffrir les reproches, à pardonner les démentis et à endurer les coups, vous verriez, après les avoir ainsi disciplinés, qu'ils vaudraient à peine la ration de sel qu'ils coûtent par jour à Sa Sainteté, si tel est son titre. Je dois vous dire en outre, valeureux seigneur, que les Varangiens ne diraient pas grand merci à leur chef, s'il les entendait appeler maraudeurs, ivrognes, et je ne sais quoi, sans repousser cette accusation à l'instant même.

— Si je ne connaissais pas l'humeur de mes Barbares, pensa Tatius en lui-même, je me ferais une querelle avec ces insulaires indomptés que l'empereur croit qu'il est si facile de soumettre au joug de la discipline. — Mais j'arrangerai bientôt cette affaire. — En conséquence il adressa la parole au Saxon avec un ton de douceur :

— Mon fidèle soldat, lui dit-il, nous autres Romains, nous nous faisons autant de gloire, suivant la coutume de nos ancêtres, de dire la vérité, que vous vous en faites de vous venger d'une imputation de mensonge. Je ne pouvais honorablement en accuser Nicanor, puisque ce qu'il disait était vrai en substance.

— Quoi ! que nous autres Varangiens, nous sommes des pillards, des ivrognes, et je ne sais quoi encore ? s'écria Hereward avec plus d'impatience qu'auparavant.

— Non certainement ; non pas dans un sens si étendu. Et cependant son accusation n'était que trop fondée.

— Quand ? où ? demanda l'Anglo-Saxon.

— Vous vous rappelez la longue marche près de Laodicée, pendant laquelle les Varangiens mirent en déroute une nuée de Turcs, et reprirent un convoi du bagage impérial ! Vous savez ce qui eut lieu en cette occasion.—Je veux dire comment vous apaisâtes votre soif.

J'ai quelque raison pour m'en souvenir, dit Hereward d'Hampton : car nous étions étouffés de poussière, à demi morts de fatigue, et, ce qui était pire, combattant constamment la tête tournée en arrière, quand nous trouvâmes quelques barils de vin sur des chariots qui étaient rompus : et ce vin nous passa par le gosier comme si c'eût été la meilleure ale de Southampton.

— Ah! malheureux! ne vîtes-vous pas que ces barils étaient empreints du sceau inviolable du trois fois excellent grand-sommelier, et qu'ils étaient réservés pour les lèvres très-sacrées de Sa Majesté impériale?

— Par le bon saint George de la joyeuse Angleterre, qui vaut une douzaine de vos saint George de Cappadoce! je n'y ai nullement pensé, Votre Valeur. Et je sais que vous en avez bu vous-même un bon coup dans mon casque, — non pas ce joujou d'argent, mais mon casque d'acier, qui tient deux fois davantage. — Et je me souviens aussi que, lorsque vous eûtes chassé la poussière de votre gosier, vous fûtes un tout autre homme, et tandis que vous nous donniez auparavant l'ordre de battre en retraite, vous vous mîtes à crier : — Encore une autre charge, mes braves et vigoureux Bretons!

— Oui, je sais que je ne suis que trop porté à la témérité pendant une action. Mais vous vous méprenez, bon Hereward, le vin dont j'ai goûté, dans la fatigue extrême du combat, n'était pas celui qu'avait été mis à part pour l'usage personnel de Sa Majesté très-sacrée. C'en était d'une qualité inférieure, destinée au grand-sommelier; et comme étant un des grands-officiers de la maison impériale, je pouvais loyalement en prendre ma part. — Ce n'en fut pas moins une malheureuse faute.

— Sur mon ame! je ne vois pas que ce soit un grand malheur de boire quand on meurt de soif.

— Mais rassurez-vous, mon noble camarade, dit Achillès après s'être disculpé à la hâte, et sans faire attention au peu d'importance que le Varangien attachait à cette faute. Sa Majesté impériale, dans sa bonté ineffable, ne fait un crime à aucun de vous d'avoir commis cette erreur malavisée. L'empereur réprimanda le protospathaire d'avoir été chercher ce motif d'accusation, et dit, après avoir rappelé le tumulte et la confusion de cette journée laborieuse : — Je me trouvai heureux moi-même, au milieu de cette fournaise sept fois échauffée, de pouvoir obtenir une coupe du vin d'orge que boivent mes pauvres Varangiens ; et je bus à leur santé : non sans raison ; car, sans leurs fidèles services, mon dernier coup eût été bu. Et puissent-ils prospérer, quoiqu'ils aient bu mon vin en retour ! — Et après avoir parlé ainsi, il se tourna d'un autre côté, comme s'il eût voulu dire · — En voilà bien assez ! Ce ne sont que de sottes histoires et de vaines accusations contre Achillès Tatius et ses braves Varangiens.

— Que Dieu le bénisse d'avoir parlé ainsi ! dit Hereward avec plus de franchise que de respect. Je boirai à sa santé la première fois que j'approcherai de mes lèvres ce qui peut étancher la soif, soit ale, soit vin, soit de l'eau d'un fossé.

— C'est bien dit, mais ne parle pas si haut ; et souviens-toi de porter la main à ton front toutes les fois que tu nommes l'empereur, ou même que tu penses à lui. — Eh bien ! tu sais, honnête Hereward, qu'ayant ainsi obtenu l'avantage, je n'ignorais pas que le moment où l'on a repoussé une attaque est toujours favorable pour faire une charge. J'ai donc reproché au protospathaire Nicanor les brigandages qui ont été commis à la Porte d'Or et à d'autres entrées de la ville, où un marchand, porteur de joyaux appartenant au patriarche, a été tout récemment arrêté et assassiné.

— Vraiment! Et que dit Alex...., je veux dire Sa Majesté très-sacrée, en apprenant que les gardes de la ville se conduisaient ainsi ? — quoique ce soit lui-même qui, comme nous le disons dans notre île, ait chargé le renard de garder les oies.

— Cela est très-possible ; mais c'est un souverain dont la politique est profonde, et il a résolu de ne point procéder contre ces traîtres de gardes, ni contre leur général le protospathaire, sans avoir de preuves décisives. Sa Majesté très-sacrée m'a donc chargé d'en obtenir d'irrécusables par ton moyen.

— Et je vous en aurais fourni en deux minutes, si vous ne m'aviez pas rappelé, quand je poursuivais ce vagabond de coupe-jarret. Mais Sa Majesté sait ce que vaut la parole d'un Varangien, et je puis l'assurer que l'envie de s'emparer de mon pourpoint d'argent, très-mal nommé cuirasse, ou la haine qu'ils portent à notre corps, suffiraient pour engager le premier venu de ces scélérats à couper la gorge à un Varangien qui paraîtrait endormi. Ainsi, capitaine, je présume que nous allons rendre compte à l'empereur de la besogne de cette nuit.

— Non, mon actif soldat. Si même tu eusses arrêté ce misérable fuyard, mon premier soin aurait dû être de lui rendre la liberté; et l'ordre que je te donne en ce moment est d'oublier que cette aventure ait eu lieu.

— Ah! c'est véritablement un changement de politique?

— Mais oui, brave Hereward. Avant que je sortisse du palais ce soir, le patriarche m'a fait des ouvertures de réconciliation avec le protospathaire ; et comme il est important pour l'état que nous vivions en bonne intelligence, je ne pouvais guère m'y refuser, ni comme bon soldat, ni comme bon chrétien. Tout ce qui pouvait offenser mon honneur sera complétement réparé ; j'en ai la garantie du patriarche. L'empereur, qui aime mieux fermer les yeux que de voir la discorde, préfère que l'affaire s'arrange ainsi.

— Et les reproches faits aux Varangiens?

— Seront pleinement rétractés ; et, à titre d'indemnité, une donation en or sera faite au corps des haches anglo-danoises. Tu pourras en être le distributeur, mon bon Hereward ; et si tu t'en acquittes avec esprit, tu pourras incruster d'or ta hache d'armes.

— Je la préfère telle qu'elle est, dit le Varangien. Mon père la portait à la bataille d'Hastings contre les brigands normands. — Du fer au lieu d'or, voilà ma monnaie.

— Tu peux choisir, Hereward, répondit son officier. Seulement, si tu es pauvre, tu ne pourras en accuser que toi-même.

En ce moment et tandis qu'ils tournaient autour des murs de Constantinople, l'officier et le soldat arrivèrent devant un très-petit guichet, ou porte de sortie, qui donnait dans l'intérieur d'un grand et massif ouvrage avancé, qui se terminait à une entrée de la ville. Là l'officier s'arrêta, avec les mêmes marques de respect qu'un dévot qui va entrer dans une chapelle, objet d'une vénération particulière.

CHAPITRE III.

———

> Quitte en ce lieu, jeune homme, et bonnet et chaussure :
> Au seuil de cette porte est dû tribut d'honneur.
> Marche du pas furtif qu'apprend de la nature
> Le daim épouvanté par le cor du chasseur.
> *La Cour.*

Avant d'entrer, Achillès Tatius fit différens gestes, que le Varangien sans expérience imita avec maladresse et gaucherie. Il avait presque toujours été de service avec son corps à l'armée, et ce n'était que tout récemment qu'il avait été appelé, à tour de rôle, à faire partie de la garnison de Constantinople. Il ne connaissait donc pas le cérémonial minutieux que les Grecs, qui étaient les soldats et les courtisans les plus formalistes et les plus cérémonieux du monde, observaient, non-seulement à l'égard de la personne de l'empereur, mais dans toute la sphère sur laquelle son influence s'étendait particulièrement.

Après avoir gesticulé à sa manière, l'officier frappa

enfin à la porte d'une manière modeste, quoique distincte. Il répéta trois fois ce signal, et dit à l'Anglo-Saxon qui l'accompagnait : L'intérieur ! — sur ta vie fais tout ce que tu me verras faire. Au même instant, il recula, baissa la tête sur sa poitrine, se couvrit les yeux des deux mains, comme pour ne pas être ébloui par l'éclat trop vif d'une lumière subite, et attendit qu'on lui répondît. Le soldat, voulant obéir à son chef, l'imita aussi bien qu'il le put, et resta à son côté dans une attitude d'humilité orientale. La petite porte s'ouvrit en dedans, sans qu'on vît aucun éclat de lumière ; mais quatre Varangiens parurent à l'entrée, chacun d'eux tenant sa hache levée, comme pour en frapper les intrus qui avaient troublé le silence de leur corps-de-garde.

— Acolouthos, dit l'officier par forme de mot d'ordre.

— Tatius et Acolouthos, dirent à demi voix les gardes, comme par réponse au mot d'ordre. Et chacun d'eux baissa son arme.

Achillès releva alors la tête avec l'air de dignité d'un homme qui aimait à déployer aux yeux de ses soldats l'influence dont il jouissait à la cour. Hereward conserva une gravité imperturbable, à la grande surprise de son officier, qui était émerveillé que son soldat pût être assez barbare pour voir avec apathie une scène qui, suivant lui, devait inspirer un respect tout particulier. Il attribua cette indifférence à l'insensibilité stupide de son compagnon. Ils passèrent entre les sentinelles, qui se rangèrent en file de chaque côté de la porte, et permirent aux deux étrangers de s'avancer sur une planche longue et étroite, jetée sur le fossé de la ville, et qu'on retirait dans l'enclos d'un rempart extérieur, avançant au-delà du principal mur de la cité.

— C'est ce qu'on appelle le pont du Péril, dit Tatius tout bas à Hereward, et l'on dit qu'on y a quelquefois répandu de l'huile ou des pois secs, et que les corps d'hommes connus pour avoir été en compagnie avec la personne très-sacrée de l'empereur ont été retirés de la Corne-d'Or (1), où se jettent les eaux du fossé.

— Je n'aurais pas cru, dit l'insulaire, élevant la voix à son ton accoutumé, qu'Alexis Comnène...

— Silence, imprudent, si tu fais cas de ta vie! Éveiller la fille de l'arche impériale (2), c'est, dans tous les cas, s'exposer à un châtiment terrible; mais quand un délinquant téméraire en trouble le repos par des réflexions sur son altesse très-sacrée l'empereur, la mort est une punition beaucoup trop légère de l'insolence qui en a interrompu le sommeil. C'est mon mauvais destin qui a voulu que je reçusse l'ordre positif qui m'a enjoint de conduire dans l'enceinte sacrée un être qui n'a en lui du sel de la civilisation que ce qu'il en faut pour préserver de la corruption son corps mortel, puisqu'il est complètement incapable de toute culture mentale. Porte les yeux sur toi-même, Hereward, et songe à ce que tu es. Pauvre barbare par nature, tu n'as à te vanter

---

(1) Le port de Constantinople. (*Note de l'auteur.*)

(2) La fille de l'arche était le nom qu'à la cour on donnait à l'écho, comme nous le verrons expliqué par l'Acolouthos lui-même. (*Idem.*)

que d'avoir tué quelques musulmans pour la querelle de ton maître très-sacré ; et te voilà admis dans l'enceinte inviolable du Blaquernal, et pouvant être entendu non-seulement de la fille royale de l'arche impériale, ce qui signifie l'écho des voûtes sublimes, mais (le ciel nous protège!) à portée, autant que je puis le savoir, de l'oreille très-sacrée elle-même !

— Eh bien ! mon capitaine, je ne puis me permettre de dire ce que je pense de tout ceci, répondit le Varangien ; mais je puis aisément supposer que je ne suis pas propre à converser en présence de la cour, et par conséquent j'ai dessein de ne pas dire un mot, à moins qu'on ne me parle, si ce n'est quand nous ne serons pas en meilleure compagnie que nous-mêmes. En deux mots, je trouve difficile de donner à ma voix un ton plus bas que celui qu'elle a reçu de la nature. Ainsi, mon brave capitaine, je suis muet à compter de ce moment, à moins que vous ne me fassiez signe de parler.

— Ce sera le parti le plus sage. Il y a ici des personnes de haut rang, quelques-unes même qui sont nées dans la pourpre, qui voudront (prends garde à toi, Hereward!) sonder, avec leur esprit de cour, la profondeur de ton intelligence bornée et barbare. Si tu les vois sourire gracieusement, ne vas pas y joindre un de tes sauvages éclats de rire dont le bruit est semblable à celui du tonnerre, quand tu fais chorus avec tes camarades.

— Je vous dis que je garderai le silence, dit le Varangien avec un peu plus d'impatience que de coutume. Si vous vous fiez à ma parole, à la bonne heure ; si vous me regardez comme un geai pour qui c'est un besoin de parler, je suis prêt à m'en retourner, et tout finira là.

Achillès, sentant peut-être que le meilleur parti qu'il pût prendre était de ne pas pousser à bout le soldat, baissa un peu le ton en répondant à un propos qui se ressentait si peu de l'atmosphère de la cour, comme s'il eût voulu avoir quelque indulgence pour les manières grossières d'un homme dont il croyait qu'il serait difficile de trouver l'égal, même parmi les Varangiens, soit pour la force, soit pour la valeur : qualités que, en dépit du peu de politesse d'Hereward, Tatius, au fond du cœur, trouvait plus solides et plus précieuses que toutes ces grâces inexprimables que pouvait posséder un soldat, courtisan plus accompli.

L'expert navigateur des détours de la résidence impériale conduisit le Varangien à travers deux ou trois petites cours formant une sorte de labyrinthe, et faisant partie du grand palais de Blaquernal. Ils entrèrent dans cet édifice par une porte latérale, qui était aussi gardée par une sentinelle de la garde varangienne, qui les laissa passer, après les avoir reconnus. La pièce voisine était le corps-de-garde, où plusieurs soldats du même corps s'amusaient à différens jeux ressemblant assez aux jeux modernes des dés et des dames, assaisonnant leurs passe-temps de fréquentes libations d'ale qu'on leur fournissait pour les aider à passer leurs heures de faction. Quelques coups d'œil s'échangèrent entre Hereward et ses camarades, et volontiers il se serait joint à eux, ou du moins leur aurait parlé ; car, depuis l'aventure du Mitylénien, Hereward s'était trouvé plus ennuyé qu'honoré de sa promenade au clair de lune avec son commandant, en en exceptant toutefois le court et intéressant intervalle pendant lequel il avait cru qu'ils étaient en chemin pour aller se battre en duel. Mais quoique négligens observateurs du strict cérémonial du palais impérial, les Varangiens avaient, à leur manière, des idées rigides sur les devoirs militaires; et par conséquent, Hereward, sans parler à ses compagnons, traversa, à la suite de son chef, le corps-de-garde et une ou deux antichambres, meublées avec un luxe qui le convainquit qu'il ne pouvait être que dans la résidence sacrée de son maître l'empereur.

Enfin, après qu'ils eurent passé par plusieurs corridors et dans divers appartemens que le capitaine semblait connaître parfaitement, et qu'il traversa d'un pas furtif et silencieux, qui annonçait le respect (comme si, pour me servir de son style ampoulé, il eût craint d'éveiller les échos de ces salles élevées et monumentales), une autre espèce d'habitans commença à se montrer. A différentes portes et dans plusieurs appartemens, le soldat du Nord vit ces infortunés esclaves, la plupart d'origine africaine, qui furent quelquefois comblés d'honneurs et élevés à un grand pouvoir par les empereurs grecs, qui imitaient en cela un des traits les plus barbares du despotisme oriental. Ces esclaves étaient différemment occupés : les uns étaient debout près des portes ou dans les corridors, le sabre à la main, comme s'ils eussent été en faction; les autres étaient assis, à la manière de l'Orient, sur des tapis, se reposant, ou jouant à différens jeux, mais tous dans le plus profond silence. Pas un mot ne fut prononcé, ni par le guide d'Hereward, ni par les êtres flétris qu'ils rencontraient ainsi. Un regard échangé avec l'Acolouthos semblait tout ce qui était nécessaire pour lui assurer le droit de passer avec son compagnon.

Après avoir encore traversé plusieurs appartemens vides ou occupés de la même manière, ils entrèrent enfin dans une salle pavée soit en marbre noir, soit en quelque autre pierre de couleur sombre, beaucoup plus élevée et plus longue que toutes les autres. Des passages latéraux y communiquaient, et, autant que l'insulaire put le voir, ils aboutissaient à différentes portes percées dans la muraille ; mais comme l'huile et les gommes qui alimentaient les lampes éclairant ces passages répandaient une vapeur épaisse, il était difficile de distinguer la forme de cette chambre et le style de l'architecture. Aux deux extrémités, la lumière était plus forte et plus vive. Lorsqu'ils furent au milieu de cette grande et longue salle, Achillès Tatius dit au soldat, avec cette voix étouffée qu'il semblait avoir substituée à celle qui lui était naturelle, depuis qu'ils avaient passé le pont du Péril :

— Reste ici jusqu'à ce que je revienne, et ne sors de cette salle pour quelque raison que ce soit.

— Entendre est obéir, répondit le Varangien ; expression d'obéissance que l'empire qui s'arrogeait encore le nom de romain avait empruntée des Barbares de l'Orient, comme beaucoup de phrases et de coutumes. Achillès monta alors à la hâte les degrés qui conduisaient à une des portes latérales de cet appartement, et l'ayant poussée légèrement, elle tourna sans bruit sur ses gonds pour le laisser passer.

Resté seul, le Varangien, pour passer le temps de son mieux dans l'enceinte qu'il lui était prescrit de ne pas quitter, se rendit tour à tour aux deux bouts de cette salle, où les objets étaient plus visibles qu'ailleurs. Au centre de l'extrémité inférieure était une petite porte en fer, cintrée et très-basse. Au-dessus, on voyait le crucifix grec en bronze; et tout autour, et de tous côtés, des fers, des chaînes et autres emblèmes semblables, pareillement exécutés en bronze, semblaient être les ornemens convenables de cette entrée. La porte de ce sombre passage voûté était entr'ouverte, et Hereward y jeta naturellement un coup d'œil, les ordres de son chef ne lui défendant pas de satisfaire sa curiosité à cet égard. Une lueur d'un rouge terne, qui semblait produite par une étincelle éloignée plutôt que par une lampe attachée au mur de ce qui lui parut un escalier tournant très-étroit, assez semblable pour la forme et la grandeur à un puits profond, dont le haut s'ouvrait sur le même palier que la porte de fer, lui montra une descente qui semblait conduire aux régions infernales. Le Varangien, quelque obtus qu'il pût paraître à l'esprit plus délié des Grecs, n'eut pas de peine à comprendre qu'un escalier d'un aspect si sombre, et auquel on arrivait par une porte décorée dans un style d'architecture si lugubre, ne pouvait conduire qu'aux cachots du palais, qui par leur forme et leur nombre n'étaient ni la moins remarquable ni la moins redoutable partie de l'édifice sacré. Il crut même, en écoutant avec attention, entendre des accens tels qu'en exhalent ces tombeaux des vivans, un faible écho de soupirs et de gémissemens paraissant sortir du profond abîme qui était en-dessous. Mais à cet égard son imagination acheva sans doute l'esquisse que traçaient ses conjectures.

— Je n'ai rien fait, pensa-t-il, pour mériter d'être claquemuré dans une de ces cavernes souterraines. A coup sûr, quoique mon capitaine Achillès Tatius ne vaille, sauf respect, guère mieux qu'un âne, il ne peut être assez traître pour me traîner en prison sous de faux prétextes. Mais, si tel doit être son amusement ce soir, je me flatte qu'il verra auparavant, pour la dernière fois, ce que peut faire la hache anglaise. — Mais allons voir l'autre bout de cette salle immense ; peut-être y trouverons-nous de meilleurs présages.

Tout en faisant ces réflexions, et sans songer beaucoup à régler le bruit de ses pas sur le cérémonial du palais, le colosse saxon s'avança vers l'extrémité supérieure de la salle pavée en marbre noir. L'ornement de cette partie de l'appartement était un petit autel, semblable à ceux des temples des divinités du paganisme, et il s'élevait au-dessus du centre de la porte voûtée. Sur cet autel brûlait une sorte d'encens, dont la fumée, s'élevant en spirale jusqu'au plafond, formait un léger nuage qui s'étendait dans toute la salle, et dont les colonnes enveloppaient une image symbolique à laquelle le Varangien ne put rien comprendre : c'était la représentation de deux mains et de deux bras d'homme qui semblaient sortir du mur ; et ces mains étaient ouvertes et étendues, comme si elles allaient accorder quelque faveur à ceux qui s'approchaient de l'autel. Ces bras étaient de bronze, et étant placés plus en arrière que l'autel sur lequel brûlait l'encens, on les voyait à travers la fumée qui s'élevait, à la clarté de deux lampes placées de manière à éclairer tout le dessous de la porte. — J'expliquerais assez bien ce que signifie ce symbole, pensa le simple barbare, si ces poings étaient serrés, et si cette salle était consacrée au *pancration*, c'est-à-dire à ce que nous appelons boxer; mais comme ces pauvres Grecs eux-mêmes ne se servent pas de leurs mains sans fermer les doigts, par saint George! je ne puis comprendre ce que cela veut dire.

En ce moment Achillès rentra dans la salle de marbre par la même porte qu'il en était sorti, et il s'avança vers son néophyte, comme on pourrait appeler le Varangien.

— Suis-moi maintenant, Hereward, car voici le moment le plus chaud de l'action. Fais preuve maintenant de tout le courage dont tu peux t'armer; car, crois-moi, ton honneur et ta réputation en dépendent.

— Ne craignez ni pour l'un ni pour l'autre, répondit Hereward, si le cœur et le bras d'un homme peuvent le soutenir dans une aventure, à l'aide d'un joujou comme celui-ci.

— Parle d'un ton plus bas et plus soumis, je te l'ai déjà dit vingt fois, et baisse ta hache. — Je crois même que tu ferais mieux de la laisser dans l'appartement extérieur.

— Avec votre permission, noble capitaine, je ne me soucie pas de me séparer de mon gagne-pain. Je suis un de ces gens gauches qui ne peuvent se comporter convenablement, s'ils n'ont quelque chose pour occuper leurs mains, et ma hache fidèle est ce qu'il y a de plus naturel pour les miennes.

— Garde-la donc; mais souviens-toi de ne pas la brandir, suivant ton usage, et de ne pas crier, beugler, hurler, comme si tu étais sur le champ de bataille. Songe au caractère sacré de ce lieu, qui fait que tout bruit y devient un blasphème; pense aux personnes qu'il peut t'arriver de voir. Il en est quelques-unes qu'on ne peut offenser sans commettre un aussi grand crime que de blasphémer contre le ciel même.

Cette exhortation conduisit le maître et le disciple jusqu'à la porte latérale. De là ils entrèrent dans une sorte d'antichambre où Achillès Tatius conduisit son Varangien vers une porte battante qui donnait dans un des principaux appartemens du palais, et qui, en s'ouvrant, offrit aux yeux de l'habitant grossier du Nord un spectacle aussi nouveau que surprenant.

C'était un appartement du palais de Blaquernal, consacré au service spécial de la fille chérie de l'empereur Alexis, la princesse Anne Comnène, connue de notre temps par ses talens littéraires, et qui nous a laissé l'histoire du règne de son père. Elle était assise, reine et souveraine d'un cercle littéraire, tel que pouvait le rassembler alors une princesse impériale, porphyrogénète, c'est-à-dire née dans la chambre pourpre; et un coup d'œil jeté à la ronde nous suffira pour nous former une idée des hôtes, ou de la compagnie qui était rassemblée.

La princesse auteur avait des yeux brillans, des traits réguliers, et des manières agréables et faites pour plaire, avantages que tout le monde aurait accordés à la fille de l'empereur, quand même on n'aurait pu dire avec une stricte vérité qu'elle les possédât. Elle était assise sur un petit banc, ou sofa, car il n'était pas permis au beau sexe à Constantinople de se coucher, comme c'était l'usage des dames romaines. Une table placée devant elle était couverte de livres, de plantes, d'herbes et de dessins ; elle était sur une plate-forme un peu élevée, et ceux qui jouissaient de l'intimité de la princesse, ou à qui elle désirait parler en particulier, avaient la permission, pendant ces entretiens sublimes, d'appuyer leurs genoux sur le bord de la plate-forme sur laquelle était son siége, et de rester ainsi moitié à genoux. Trois autres siéges, de différentes hauteurs, étaient placés sur la même estrade, et sous le même dais d'apparat qui couvrait celui de la princesse Anne.

Le premier, qui ressemblait exactement au sien tant pour la grandeur que pour la commodité, était destiné à son époux, Nicéphore Brienne. On disait qu'il avait ou qu'il affectait d'avoir la plus grande vénération pour l'érudition de sa femme, quoique ses courtisans pensassent qu'il aurait aimé à s'absenter de ces assemblées du soir plus souvent que ne l'auraient voulu la princesse Anne et ses augustes parens. Les caquets de la cour expliquaient ce fait en assurant que la princesse Anne Comnène était plus belle à une époque où elle était moins savante, et que, quoiqu'elle fût encore bien, elle avait perdu quelque chose de ses attraits en acquérant tant de connaissances.

Le siége de Nicéphore Brienne avait été placé par les chambellans aussi près que possible de celui de la princesse, de manière qu'elle ne pût pas perdre un seul regard de son bel époux, et qu'il ne perdît pas la moindre parcelle de la sagesse qui pourrait découler des lèvres de sa savante épouse.

Deux autres siéges d'honneur, ou pour mieux dire deux trônes, car ils avaient des tabourets pour recevoir les pieds, des bras pour soutenir les coudes, et des coussins brodés pour fournir un appui, sans parler du dais glorieux qui les couvrait, étaient destinés à l'empereur et à son auguste épouse; car ils assistaient fréquemment aux études de leur fille, qui s'y livrait en public, comme nous venons de le dire. Dans ces occasions, l'impératrice Irène jouissait du triomphe qui appartient à la mère d'une fille accomplie; tandis qu'Alexis, suivant l'occasion, tantôt écoutait avec complaisance le récit de ses propres exploits, écrit dans le style ampoulé de la princesse, tantôt faisait des signes de satisfaction au patriarche Zozime, et aux autres sages, en écoutant les dialogues qu'elle récitait sur les mystères de la philosophie.

Tous ces siéges distingués, destinés aux membres de la famille impériale, étaient occupés au moment que nous venons de décrire, excepté celui qui aurait dû être rempli par Nicéphore Brienne, époux de la belle Anne Comnène. C'était peut-être à sa négligence et à son absence qu'était dû le nuage qui obscurcissait e front de sa belle épouse. Derrière elle, sur la plate-forme, étaient deux nymphes de sa maison, en robe blanche, deux esclaves, en un mot, qui étaient à genoux sur des coussins, quand leur maîtresse n'avait pas besoin de leur aide pour lui servir de pupitres vivans, afin de dérouler et de soutenir les rouleaux de parchemin sur lesquels la princesse consignait les trésors de sa science, ou transcrivait celle des autres. Une de ces jeunes filles, nommée Astarté, était si distinguée comme calligraphe, c'est-à-dire par la beauté de son écriture en divers alphabets et en différentes langues, qu'elle avait été sur le point d'être envoyée en présent au calife, — qui ne savait ni lire ni écrire, — dans un moment où il était nécessaire de le gagner pour lui inspirer des idées de paix. L'autre suivante de la princesse, Violanta, communément surnommée la Muse, possédait dans la plus grande perfection la musique vocale et instrumentale, et avait été réellement envoyée en présent à Robert Guiscard, archiduc d'Appulie. Mais comme ce prince était vieux et sourd, et que Violanta n'avait pas encore dix ans à cette époque, il renvoya à l'empereur ce présent auquel un grand prix était attaché; et, avec cet égoïsme qui était un des signes caractéristiques de ce fin Normand, il l'invita à lui envoyer quelque personne qui pût contribuer à ses plaisirs, au lieu d'un enfant criard.

Plus bas que ces siéges élevés, les favoris qui étaient admis, étaient assis ou reposaient sur le plancher de la salle. Le patriarche Zozime et quelques vieillards avaient la permission de s'asseoir sur certains tabourets fort bas, seuls siéges qui fussent préparés pour les savans qui assistaient aux soirées de la princesse, comme on aurait appelé de nos jours ces réunions. Quant aux magnats plus jeunes, l'honneur de pouvoir prendre part à la conversation impériale était regardé comme devant les dispenser d'avoir besoin d'un malheureux tabouret. Cinq à six courtisans, d'âge et de costume différens, pouvaient composer la partie de la société qui restait debout, ou qui se délassait de cette attitude en s'agenouillant sur le bord d'une fontaine, qui répandait l'eau par des tuyaux si minces qu'elle formait une pluie qui se dissipait presque insensiblement, en rafraîchissant les fleurs et les arbustes embaumés, disposés de manière à disperser leurs parfums dans toute la salle. Un vieillard, nommé Michel Agélastès, gros, gras et replet, et vêtu en ancien philosophe cynique, se distinguait en prenant, en grande partie, le costume déguenillé et l'impudence du stoïcien, et en s'acquittant strictement du cérémonial exigé par la famille impériale. Il s'était fait connaître par son affectation à adopter les principes et le langage des cyniques et des philosophes républicains; ce que contredisait étrangement sa déférence pratique pour les grands. Il était étonnant de voir cet homme, alors âgé de plus de soixante ans, dédaigner de profiter du privilége ordinaire de s'appuyer pour soutenir ses membres, et rester constamment debout ou à genoux. Mais la première attitude lui était tellement habituelle que ses amis de cour lui avaient donné le surnom d'*Élephas* ou l'Éléphant, parce que les anciens s'imaginaient que cet animal à demi-raisonnant, comme on l'appelle, a les jointures des jambes hors d'état de plier.

— J'en ai pourtant vu s'agenouiller, quand j'étais dans le pays des Gymnosophistes, dit quelqu'un qui faisait partie de la compagnie le soir où Hereward y fut introduit.

— Pour prendre son maître sur ses épaules? Le nôtre en fera autant, dit le patriarche Zozime, avec un sourire qui approchait du sarcasme autant que le permettait l'étiquette de la cour grecque. Car, dans toutes les occasions ordinaires, on n'aurait pas commis un plus grand crime de lèse-cérémonial en tirant un poignard qu'en se permettant une repartie piquante dans le cercle impérial. Ce sarcasme même, quelque léger qu'il fût, aurait été jugé digne de censure par cette cour cérémonieuse, dans la bouche de tout autre que le patriarche, au haut rang duquel on accordait quelque licence.

A l'instant où il venait de blesser ainsi le décorum, Achillès Tatius et son soldat Hereward entrèrent dans l'appartement. Le premier s'avança en prenant, à un degré peu ordinaire, l'air et les manières d'un courtisan, comme s'il eût voulu faire contraster son savoir-vivre avec la gaucherie de son compagnon inexpérimenté. Son amour-propre était pourtant secrètement flatté d'avoir à présenter, comme étant sous ses ordres immédiats, un homme qu'il était habitué à regarder comme un des soldats les plus distingués de l'armée d'Alexis, soit pour l'apparence extérieure, soit pour les qualités réelles.

L'entrée subite de ces deux nouveaux venus produisit quelque surprise. Achillès s'avança avec une assurance calme et respectueuse qui indiquait qu'il n'était pas étranger dans cette région ; mais Hereward tressaillit en entrant, et, voyant qu'il était en présence de toute la cour, il chercha à la hâte à calmer son agitation. Son commandant, jetant autour de lui un coup d'œil à peine visible, comme pour demander de l'indulgence pour son soldat, fit un signe confidentiel à Hereward, pour l'avertir de ce qu'il devait faire. Il voulait lui faire entendre qu'il devait ôter son casque et se prosterner le front à terre. L'Anglo-Saxon, peu accoutumé à interpréter des ordres obscurs donnés par signes, pensa naturellement au devoir ordinaire de sa profession, et s'avança en face de l'empereur pour lui rendre les honneurs militaires. Il le salua en pliant un genou, porta la main à son casque, et, se relevant sur-le-champ, il appuya sa hache sur son épaule et resta devant le trône impérial comme une sentinelle en faction.

Tout le cercle fit un léger sourire de surprise en voyant l'air mâle et martial, quoique peu cérémonieux du soldat du Nord. Les divers spectateurs de cette scène consultaient la physionomie de l'empereur, ne sachant s'ils devaient regarder la brusque entrée du Varangien comme un défaut de savoir-vivre, et en manifester leur horreur, ou considérer les manières du garde-du-corps comme indiquant un zèle franc et hardi, qui avait droit à des applaudissemens.

Il se passa quelques instans avant que l'empereur revînt suffisamment à lui pour donner le ton à ses courtisans, comme c'était l'usage en pareilles occasions. Alexis Comnène avait été plongé un moment dans une sorte de léger sommeil ou du moins d'abstraction. A son réveil il tressaillit en voyant tout à coup devant lui le Varangien; car, quoiqu'il eût coutume de charger ce corps de confiance de la garde extérieure du palais, le service intérieur se faisait ordinairement par les noirs difformes dont nous avons parlé, et qui s'élevaient quelquefois jusqu'au rang de ministres d'état et de commandans des armées.

Alexis, en s'éveillant de cette sorte de sommeil, l'oreille encore remplie du style pompeux de sa fille, qui lui lisait une description dans le grand ouvrage historique où elle rapportait les batailles livrées sous son règne, se trouvait donc peu préparé à l'arrivée et au salut militaire d'un soldat de sa garde saxonne, dont l'idée ne se présentait à son esprit qu'accompagnée de scènes de combats, de dangers et de mort.

Après avoir jeté un regard troublé autour de lui, ses yeux se fixèrent sur Achillès Tatius. — Pourquoi es-tu ici, mon fidèle Acolouthos? lui dit-il; pourquoi ce soldat s'y trouve-t-il à cette heure de la nuit? — C'était naturellement, pour tous les visages de la cour, le moment de se modeler *Regis ad exemplar;* mais avant que le patriarche eût eu le temps de donner à ses traits une expression de dévote appréhension de quelque danger, Achillès Tatius avait prononcé quelques mots qui avaient rappelé à l'empereur que c'était d'après son ordre spécial qu'il avait amené ce soldat devant lui. — Oh! cela est vrai, mes braves, dit Alexis, tandis que la sérénité reparaissait sur son front; les soins de l'état nous avaient fait oublier cet ordre. Il parla alors au Varangien avec un air plus ouvert et un accent plus cordial qu'il n'avait coutume de le faire avec ses courtisans; car, pour un despote, un fidèle garde du corps est un homme de confiance, tandis qu'un officier de haut rang est toujours, jusqu'à un certain point, un objet de méfiance. — Eh bien! dit-il, comment va notre digne Anglo-Danois? Cette question, faite sans aucun égard au cérémonial, surprit tous ceux qui l'entendirent, à l'exception de celui à qui elle était adressée. Hereward y répondit, en joignant à ses paroles un salut militaire, qui montrait plus de cordialité que de respect, d'une voix haute et hardie qui fit tressaillir tous les auditeurs, d'autant plus qu'il parlait en saxon, langue dont se servaient parfois ces étrangers : — *Waes hael, Kaisar mirrig und machtigh!* c'est-à-dire : Portez-vous bien, fort et puissant empereur. Alexis, avec un sourire d'intelligence, destiné à montrer qu'il était en état de parler à ses gardes en leur propre langue, lui répondit par ces mots bien connus : *Drink hael !*

A l'instant même un page apporta une coupe d'argent pleine de vin. L'empereur y trempa ses lèvres, quoiqu'en goûtant à peine la liqueur qui s'y trouvait, la fit porter à Hereward, et lui ordonna de boire. Le Saxon ne se fit pas répéter cet ordre et il vida la coupe sans hésiter. Toute l'assemblée laissa échapper un léger sourire, sans s'écarter du décorum exigé par la présence de l'empereur, à la vue d'un exploit qui, quoiqu'il n'eût rien d'étonnant dans un Hyperboréen, semblait prodigieux aux Grecs, habitués à la sobriété. Alexis lui-même rit plus haut que ses courtisans ne crurent pouvoir se le permettre, et appelant à son aide le peu de mots varangiens qu'il connaissait et qu'il liait ensemble par quelques mots grecs, il dit à son garde-du-corps : — Eh bien ! mon brave breton Édouard, comme on t'appelle, connais-tu la saveur de ce vin ?

— Oui, répondit le Varangien, sans changer de visage ; j'en ai déjà goûté une fois à Laodicée.

Ici Achillès Tatius sentit que son soldat approchait d'un terrain glissant, et il s'efforça inutilement d'attirer son attention en lui faisant signe de garder le silence, ou du moins de prendre garde à ce qu'il disait dans une si auguste assemblée. Mais le soldat, qui, avec la précision de la discipline militaire, continuait à avoir les yeux fixés sur l'empereur, et à lui donner toute son attention, comme étant tenu de lui obéir et de lui répondre, ne remarqua aucun des signes d'Achillès, qui les fit enfin si ouvertement que Zozime et le protospathaire se lancèrent mutuellement des coups d'œil d'intelligence, comme pour se faire remarquer réciproquement le jeu muet du chef des Varangiens.

Pendant ce temps le dialogue entre l'empereur et son soldat continuait : — Comment as-tu trouvé ce vin, en le comparant à l'autre ? demanda Alexis.

— Il y a ici, Votre Majesté, meilleure compagnie que celle des archers arabes, répondit Hereward en saluant à la ronde avec un instinct de politesse. Cependant il manque à la saveur de ce vin celle que la chaleur du soleil, la poussière du combat, et la fatigue de porter une arme comme celle-ci (mettant sa hache en avant) pendant huit heures de suite, peuvent donner à une coupe de bon vin.

— Il peut y manquer encore autre chose, dit Agélastès-l'Éléphant, dont nous avons déjà parlé, s'il m'est permis d'y faire allusion, ajouta-t-il en levant les yeux vers le trône. Cette coupe est peut-être plus petite que celle dont tu te servis à Laodicée.

— Par Tanaris ! c'est la vérité, répondit le garde du corps; car, à Laodicée, ce fut mon casque qui me vit de coupe.

Comparons les deux coupes ensemble, l'ami,

9.

dit Agélastès du même ton de raillerie, afin que nous soyons sûrs que tu n'as pas avalé la dernière ; car, à la manière dont je t'ai vu boire, je craignais qu'elle ne passât par ton gosier avec ce qu'elle contenait.

— Il y a des choses que je n'avale pas aisément, répondit le Varangien d'un ton calme et indifférent; mais il faut qu'elles viennent d'un homme plus jeune et plus actif que vous ne l'êtes.

La compagnie sourit de nouveau, et l'on semblait se dire des yeux l'un à l'autre, que le philosophe, quoique bel esprit de profession, n'avait pas eu l'avantage dans cette rencontre.

L'empereur intervint en même temps : — Et je ne t'ai pas fait venir ici, mon brave, dit-il, pour y être en butte à de sottes railleries.

Agélastès se retira derrière le cercle, comme un chien châtié par le chasseur pour avoir aboyé mal à propos. La princesse Anne Comnène, dont les beaux traits avaient déjà exprimé quelque impatience, prit enfin la parole : — Vous plaira-t-il donc, sire, et mon père très-chéri, dit-elle, d'apprendre à ceux qui ont eu le bonheur d'être admis dans le temple des muses, pourquoi vous avez ordonné que ce soldat fût admis ce soir dans un lieu si fort au-dessus de son rang dans le monde? Permettez-moi de dire que nous ne devons pas vous faire perdre en plaisanteries vaines et frivoles un temps qui est consacré au bien de l'empire, comme doit l'être chaque instant de votre loisir.

— Notre fille parle avec sagesse, dit l'impératrice Irène, qui, comme la plupart des mères, ne possédant pas beaucoup de talens elles-mêmes, et peu capables de les apprécier dans les autres, était cepen-

dant grande admiratrice de ceux de sa fille favorite,
et toujours prête à les faire briller en toute occasion.
Permettez-moi de faire remarquer que, dans ce palais divin et favorisé des muses, consacré aux études
savantes de notre chère fille, dont la plume fera vivre
votre renommée, notre cher et impérial époux, jusqu'à la destruction de l'univers, et qui est l'âme et le
charme de cette société, la fleur du génie de notre sublime cour; permettez-moi, dis-je, de faire remarquer que, en recevant seulement ici un simple garde
du corps, nous avons donné à notre conversation le
caractère qui distingue celle d'une caserne.

L'empereur Alexis Comnène éprouva alors ce
qu'éprouve plus d'un honnête homme dans les rangs
ordinaires de la vie, quand sa femme commence
un long discours; d'autant plus que l'impératrice
Irène ne se renfermait pas toujours dans les règles
exactes du cérémonial prescrit par la suprématie de
son auguste époux. Ainsi, quoiqu'il n'eût pas été
fâché d'obtenir un court répit à la lecture monotone
de l'histoire de la princesse, il sentit alors la nécessité
de la reprendre, ou d'écouter l'éloquence matrimoniale de l'impératrice. Il soupira donc, et dit : — Je
vous demande pardon, notre bonne et impériale
épouse, et à vous aussi, notre fille, née dans la chambre pourpre. Je me souviens, notre fille très-aimable
et très-accomplie, qu'hier soir vous désiriez connaître
les détails de la bataille de Laodicée, livrée aux païens
arabes (que Dieu confonde!); et par suite de certaines considérations qui nous portent à ajouter d'autres témoignages à notre propre souvenir, Achillès
Tatius, notre très-fidèle Acolouthos, reçut ordre d'a-

mener ici un des soldats qui sont sous son commandement, et de choisir celui que son courage et sa présence d'esprit rendaient le plus en état de remarquer ce qui se passait autour de lui dans cette journée remarquable et sanglante. Et je suppose que voilà le soldat qu'il amène en exécution de mes ordres.

— S'il m'est permis de parler et de vivre, dit l'Acolouthos, Votre Majesté impériale, et ces princesses divines, dont le nom est pour nous comme ceux des bienheureux saints, ont en leur présence la fleur de mes Anglo-Danois, soit qu'on les appelle ainsi, ou de tout autre nom anti-chrétien. C'est, je puis le dire, un Barbare des Barbares; mais quoique, par sa naissance et son éducation, il ne soit pas digne de toucher de ses pieds le tapis de cette enceinte de talens et d'éloquence, il est si brave, si fidèle, si dévoué, si zélé, si prêt à tout...

— Suffit, bon Acolouthos! dit l'empereur; dites-nous seulement qu'il est de sang-froid et bon observateur pendant la mêlée, et qu'alors il n'est pas troublé et agité, comme nous avons quelquefois remarqué que vous l'étiez, vous et d'autres grands généraux, et, pour dire la vérité, comme nous avons senti que nous l'étions nous-mêmes dans des occasions extraordinaires. Cette différence dans la constitution des hommes n'est pas la suite d'une infériorité de courage; elle vient en nous d'un sentiment intime de l'importance de notre sûreté pour le bien de l'état, et du nombre de devoirs qui nous sont imposés en même temps. Parle donc, et parle en peu de mots, Tatius; car je vois que notre très-chère épouse, et notre fille trois fois heureuse, née dans la chambre pourpre impériale, semblent montrer un peu d'impatience.

— Hereward, répondit Achillès, est aussi calme et aussi bon observateur dans une bataille qu'un autre le serait dans une danse joyeuse. La poussière des combats est le souffle de ses narines; et il prouvera sa valeur en combattant quatre de ceux qui, les Varangiens exceptés, se diront les plus braves serviteurs de Votre Majesté impériale.

— Acolouthos, dit l'empereur avec un air et un ton de mécontentement, au lieu de donner à ces pauvres et ignorans Barbares des leçons de civilisation, et de leur apprendre les lois de cet empire éclairé, vous alimentez par de tels propos pleins de jactance leur vain orgueil et leur impétuosité naturelle, qui les portent à avoir des querelles avec les légions d'autres pays étrangers, et qui en suscitent même entre eux.

— Si ma bouche peut s'ouvrir pour faire entendre la plus humble excuse, dit Achillès Tatius, je prendrai la liberté de répondre qu'il n'y a qu'une heure je parlais à ce pauvre ignorant Anglo-Danois du soin paternel de Votre Majesté impériale pour le maintien de cette concorde qui unit tous ceux qui suivent votre étendard, et je lui disais combien vous désirez encourager cette harmonie, et plus particulièrement encore entre les diverses nations qui ont le bonheur de vous servir, en dépit des querelles sanglantes des Francs et des autres habitans du Nord, qui ne sont jamais sans dissensions intestines. Je crois que l'intelligence du pauvre jeune homme est suffisante pour rendre ce témoignage en ma faveur. A ces mots il jeta un coup d'œil sur Hereward, qui baissa gravement la tête, comme pour confirmer ce que son capitaine venait de dire. Voyant son excuse ainsi appuyée, Achillès continua son apologie avec plus de fermeté. — Quant à ce que j'ai dit tout à l'heure à Votre Majesté, j'ai parlé sans réflexion. Au lieu de prétendre qu'Hereward ferait face à quatre des serviteurs de Votre Altesse impériale, j'aurais dû dire qu'il était disposé à défier six des ennemis de Votre Majesté, et à leur laisser le choix du temps, du lieu et des armes.

— Cela sonne mieux, dit l'empereur ; et dans le fait, je dirai pour l'information de ma très-chère fille, qui a pieusement entrepris d'écrire l'histoire de ce que le ciel m'a permis de faire pour le bien de cet empire, que je désire vivement qu'elle se souvienne que, quoique l'épée d'Alexis ne se soit pas rouillée dans le fourreau, cependant il n'a jamais cherché à acquérir de la renommée au prix du sang de ses sujets.

— Je me flatte, dit Anne Comnène, que, dans mon humble esquisse de la vie du noble prince à qui je dois l'existence, je n'ai pas oublié de mentionner son amour pour la paix, ses égards pour la vie de ses soldats, et son horreur pour les usages sanguinaires des Francs, comme étant un des traits les plus distingués qui le caractérisent.

Prenant alors une attitude plus imposante, comme allant réclamer l'attention de la compagnie, la princesse fit une légère inclination de la tête à la ronde à son auditoire, et prenant un rouleau de parchemin des mains de la belle esclave qui lui servait de secrétaire, et qui avait écrit sous la dictée de sa maîtresse, en caractères de la plus grande beauté, Anne Comnène se prépara à faire la lecture de ce qui y était tracé.

En ce moment, les yeux de la princesse se fixèrent un instant sur Hereward, et elle daigna lui adresser la parole en ces termes :—Vaillant Barbare que mon imagination se rappelle confusément, comme si c'était la suite d'un rêve, tu vas maintenant entendre la lecture d'un ouvrage qui, si l'on met l'auteur en comparaison avec le sujet, pourrait être assimilé au portrait d'Alexandre, exécuté par quelque barbouilleur qui aurait usurpé les pinceaux d'Apelles. Mais cet essai, quelque indigne qu'il puisse paraître du sujet aux yeux de bien des gens, doit pourtant exciter quelque envie dans l'esprit de ceux qui en examinent impartialement le contenu, et qui songent à la difficulté de bien représenter le grand personnage qui en est l'objet. Je te prie donc de donner toute ton attention à ce que je vais lire; car cette relation de la bataille de Laodicée, dont les détails m'ont été principalement transmis par Sa Majesté impériale mon noble père, par son invincible général le vaillant protospathaire, et par Achillès Tatius le fidèle Acolouthos de notre victorieux empereur, peut cependant être inexacte dans quelques détails; on doit croire en effet que les hautes fonctions de ces grands commandans les retinrent à quelque distance du plus fort de la mêlée, afin qu'ils eussent les moyens de juger avec plus de sang-froid et d'exactitude l'ensemble de l'action, et de transmettre leurs ordres sans être troublés par aucune pensée de sûreté personnelle. Il en est de même de l'art de la broderie, brave Barbare ; et ne sois pas surpris que nous cultivions cet art mécanique, puisqu'il a pour protecteur Minerve, qui préside à nos études ; nous nous réservons la surintendance de l'ensemble de l'ouvrage, et nous confions à nos femmes et à d'autres l'exécution des parties de détail. Ainsi, et de la même manière, vaillant Varangien, ayant pris part au plus fort du combat livré devant Laodicée, tu peux nous indiquer, à nous indigne historienne d'une guerre si renommée, les incidens qui peuvent être arrivés quand on combattait corps à corps, et quand le destin de la bataille fut décidé par le tranchant du glaive. Ne crains donc pas, toi le plus brave des Anglo-Danois auxquels nous devons cette victoire et tant d'autres, de relever les méprises et les erreurs que nous avons pu commettre relativement aux détails de ce glorieux événement.

— Madame, répondit le Varangien, j'écouterai avec attention ce qu'il plaira à Votre Altesse de me lire ; mais pour me permettre de critiquer une histoire écrite par une princesse née dans la pourpre, loin de moi une telle présomption. Il conviendrait encore moins à un barbare Varangien de vouloir juger de la conduite militaire de l'empereur, qui le paie libéralement, ou du commandant par lequel il est bien traité. Si notre avis est demandé avant une action, nous le donnons toujours avec franchise ; mais, suivant mon intelligence bornée, notre critique, après que le combat a été livré, serait plus odieuse qu'utile. Quant au protospathaire, si c'est le devoir d'un général de ne pas se trouver dans la mêlée, je puis dire, et même jurer, en toute sûreté de conscience, s'il était nécessaire, que je n'ai jamais vu notre invincible commandant à moins d'une portée de javeline d'aucun endroit où il parût y avoir quelque danger.

Ce discours, prononcé avec un ton de hardiesse et de franchise, produisit un grand effet sur toute la compagnie. L'empereur lui-même et Achillès Tatius ressemblaient à des hommes qui s'étaient retirés d'un danger mieux qu'ils ne s'y attendaient. Le protospathaire fit tous ses efforts pour cacher un mouvement de ressentiment. Agélastès, qui était placé près du patriarche, lui dit à l'oreille : — La hache du Nord ne manque ni de pointe ni de tranchant.

— Silence! dit Zozime, voyons comment tout ceci finira. La princesse va parler.

CHAPITRE IV.

> On entendit alors le techir : c'est ainsi
> Que l'Arabe appelait l'épouvantable cri
> Qu'il pousse vers le ciel sur les champs de la gloire,
> Comme pour demander l'honneur de la victoire.
> Le combat se livra. — Combat et paradis !
> De la horde barbare alors furent les cris.
> *Le siège de Damas.*

La voix du soldat du Nord, quoique modérée par un sentiment de respect pour l'empereur et même d'attachement pour son capitaine, avait pourtant ce ton de sincérité brusque que n'entendaient pas ordinairement les échos sacrés du palais impérial ; et quoique la princesse Anne Comnène commençât à penser qu'elle avait demandé l'opinion d'un juge sévère, elle sentait en même temps, à son ton de déférence, que son respect avait quelque chose de plus réel, et que son approbation, si elle l'obtenait, serait plus véritablement flatteuse pour elle que les complimens dorés de toute la cour de son père. Elle regarda avec surprise et attention Hereward, que nous avons déjà dépeint comme un très-beau jeune homme, et elle éprouva ce désir naturel de plaire que fait naître aisément dans l'esprit l'aspect d'une belle personne d'un sexe différent. Son attitude avait de l'aisance et de la hardiesse, mais n'était ni gauche ni incivile. Son titre de Barbare l'affranchissait des formes de la vie civilisée et des règles d'une politesse artificielle ; mais sa réputation de valeur, et son air de noble confiance en lui-même, faisaient prendre à lui plus d'intérêt qu'il n'en aurait obtenu par des discours plus étudiés et plus soignés, ou par des démonstrations excessives de respect.

En un mot, la princesse Anne Comnène, quelque élevé que fût son rang, et quoique née dans la pourpre impériale, ce qu'elle regardait elle-même comme le premier de tous les avantages, sentit néanmoins, en se préparant à reprendre la lecture de son histoire, qu'elle désirait obtenir les applaudissemens de ce soldat barbare, plus que ceux de tout l'auditoire de courtisans dont elle était entourée. Il est vrai qu'elle les connaissait parfaitement, et elle s'inquiétait fort peu des éloges que la fille de l'empereur était sûre de recevoir à pleines mains des courtisans grecs à qui il pouvait lui plaire de communiquer ses productions. Mais elle était en ce moment devant un juge dont le caractère était nouveau pour elle, et dont les applaudissemens, s'il les accordait, devaient partir d'un sentiment profond et vrai, puisqu'ils ne pouvaient s'obtenir qu'en touchant son esprit ou son cœur.

Ce fut peut-être l'influence de ces sentimens qui fit que la princesse fut un peu plus long-temps que de coutume à trouver dans le rouleau de son histoire le passage par lequel elle avait dessein de commencer sa lecture. On remarqua aussi qu'elle lut d'abord avec un embarras et une timidité dont ses nobles auditeurs furent surpris, car ils l'avaient vue bien souvent conserver toute sa présence d'esprit devant ce qu'ils regardaient comme un auditoire plus distingué, et où il se trouvait même des critiques plus sévères.

Les circonstances dans lesquelles se trouvait le Varangien étaient de nature à ne pas lui inspirer de l'indifférence pour cette scène. A la vérité, Anne Comnène avait atteint son cinquième lustre, et c'est une époque après laquelle la beauté des femmes grecques commence à déchoir. Depuis quand avait-elle passé cette ère critique, c'était un secret pour tout le monde, excepté pour les femmes initiées dans les mystères de la chambre pourpre. Il nous suffit de dire que la voix du peuple prétendait qu'elle était entrée depuis un an ou deux dans son sixième lustre; ce que paraissait confirmer ce penchant à la philosophie et à la littérature, qu'on ne suppose pas naturel à la beauté dans son aurore. Elle pouvait avoir vingt-sept ans.

Cependant Anne Comnène était, ou avait été, très peu de temps auparavant, une beauté du premier ordre, et l'on doit supposer qu'elle conservait encore assez d'attraits pour captiver un Barbare du Nord, s'il n'avait soin de bien se rappeler la distance incommensurable qui le séparait d'elle. Ce souvenir aurait même à peine suffi pour rendre Hereward invulnérable aux charmes de cette enchanteresse, hardi, libre, et intrépide comme il était. Car, pendant ces scènes de révolutions étranges, il y avait bien des exemples de généraux heureux qui avaient partagé la couche de princesses du sang impérial, qu'ils avaient peut-être eux-mêmes rendues veuves, afin de frayer un chemin à leurs prétentions. Mais indépendamment de l'influence d'autres souvenirs, comme le lecteur l'apprendra bientôt, Hereward, quoique flatté du degré extraordinaire d'attention que lui accordait la princesse, ne voyait en elle que la fille de son empereur, du seigneur suzerain qu'il avait adopté, et l'épouse d'un noble prince; et sa raison comme son devoir lui défendaient de penser à elle sous aucun autre rapport.

Ce ne fut qu'après quelques efforts préliminaires que la princesse Anne commença sa lecture d'une voix presque tremblante, mais qui prit de la force et de l'énergie à mesure qu'elle avançait dans la relation suivante, tirée d'une partie bien connue de l'histoire d'Alexis Comnène, mais qui malheureusement n'a pas été comprise dans l'édition des historiens byzantins. Ce morceau ne peut donc qu'être agréable aux antiquaires, et l'auteur espère recevoir les remercîmens du monde savant pour avoir recouvré un fragment curieux, qui, sans ses efforts, serait probablement tombé dans le gouffre de l'oubli.

LA RETRAITE DE LAODICÉE,

Traduite pour la première fois du grec, et faisant partie de l'histoire d'Alexis Comnène, par la princesse sa fille.

« Le soleil s'était couché dans son lit de l'Océan, honteux, comme on pourrait le croire, de voir l'armée immortelle de notre empereur très sacré Alexis entourée par ces hordes sauvages de Barbares infidèles, qui, comme nous l'avons dit dans notre chapitre précédent, avaient occupé les divers défilés tant en avant qu'en arrière des Romains (1), les rusés Barbares s'en étaient emparés la nuit précédente. Quoiqu'une marche triomphante nous eût conduits jusqu'à ce point, ce devint alors une question sérieuse et un sujet de doute, de savoir si nos aigles victorieuses pourraient pénétrer plus avant dans le pays des ennemis, ou même retourner en sûreté dans le leur.

» La science profonde de l'empereur dans l'art militaire, science bien au-dessus de celle de tous les princes vivans, l'avait engagé, le soir précédent, à faire connaître, avec une exactitude et une prévoyance merveilleuses, la position précise de l'ennemi. Il avait employé à ce service très-nécessaire certains Barbares légèrement armés, qui avaient puisé leurs habitudes et leur discipline dans les déserts de la Syrie ; et si je dois écrire d'après ce que me dicte la vérité, qui doit toujours guider la plume de l'historien, il faut que j'ajoute qu'ils étaient infidèles comme leurs ennemis, sincèrement attachés pourtant au service des Romains, et, comme je le crois, esclaves dévoués de l'empereur, à qui ils communiquèrent les renseignemens qu'il désirait avoir sur la position de son ennemi redoutable Iezdegerd. Ces soldats n'apportèrent leurs informations que long-

---

(1) Nous devrions plutôt dire des Grecs ; mais nous traduisons l'expression de la belle historienne. *(Note de l'auteur.)*

temps après l'heure à laquelle l'empereur se livrait ordinairement au repos.

» Malgré ce dérangement dans l'emploi de son temps très sacré, l'empereur notre père, qui avait retardé la cérémonie de se déshabiller (tant était grande l'urgence du moment), continua, jusquebien avant dans la nuit, à tenir un conseil avec ses chefs les plus sages : hommes dont le jugement profond aurait pu soutenir un monde prêt à s'écrouler, et qui délibérèrent alors sur ce qu'il convenait de faire dans les circonstances difficiles où l'on se trouvait. L'urgence était telle qu'elle fit oublier tout le cérémonial ordinaire de la maison impériale; car j'ai appris de témoins oculaires que le lit de l'empereur fut placé dans la chambre même où le conseil s'assembla, et que la lampe sacrée, appelée la lumière du conseil, qui est toujours allumée quand l'empereur préside en personne les délibérations de ses serviteurs, fut alimentée cette nuit (chose inouïe dans nos annales !) avec de l'huile non parfumée ! »

Ici la belle lectrice prit une attitude indiquant une sainte horreur, et ses auditeurs témoignèrent, par divers signes d'intérêt semblables, qu'ils éprouvaient le même sentiment. Nous nous bornerons à dire que le soupir d'Achillès Tatius fut le plus pathétique, et que le gémissement d'Agélastès-l'Éléphant fut si profond qu'on l'eût dit poussé par le plus terrible des animaux. Hereward ne montra que peu d'émotion, car il n'était surpris que de voir l'étonnement des autres. La princesse, ayant laissé à ses auditeurs le temps d'exprimer leur consternation, continua sa lecture ainsi qu'il suit :

« Dans cette fâcheuse situation, dans un moment où les rites les mieux établis et les plus sacrés de la maison impériale cédaient à la nécessité d'adopter à la hâte des mesures pour le lendemain, les opinions des conseillers furent différentes suivant leur caractère et leurs habitudes ; ce qu'on peut remarquer, en passant, comme pouvant arriver aux plus sages et aux plus habiles dans de semblables occasions de doute et de danger.

» Je n'inscrirai pas ici les noms et les opinions de ceux dont les avis furent tour à tour proposés et rejetés, donnant ainsi une preuve de respect pour le secret et la liberté qui règnent justement dans les discussions du cabinet impérial. Il me suffira de dire que quelques-uns conseillèrent d'attaquer promptement l'ennemi en continuant à avancer. D'autres pensèrent qu'il était plus sûr et qu'il pouvait être plus facile de nous ouvrir un chemin en arrière, et de nous retirer par la même route qui nous avait amenés jusque là. Je ne dois pas même dissimuler qu'il se trouva des personnes, d'une fidélité incontestable, qui proposèrent un troisième parti, qui offrait à la vérité plus de sûreté que les deux autres, mais totalement contraire à l'esprit de magnanimité de notre auguste père. C'était d'envoyer un esclave de confiance, accompagné d'un ministre de l'intérieur de notre palais impérial, à la tente de Iezdegerd, pour demander à quelles conditions le Barbare voudrait permettre à notre père triomphant de se retirer en sûreté à la tête de son armée victorieuse. A cette proposition, on entendit notre auguste père s'écrier : *Santa Sophia !* expression la plus voisine d'un jurement qu'il se soit jamais permise ; et il paraissait sur le point de s'emporter violemment contre un avis si honteux et contre la lâcheté de ceux qui le donnaient, quand, se rappelant l'instabilité des choses humaines et les infortunes de plusieurs de ses prédécesseurs, dont quelques-uns avaient été forcés dans le même pays de rendre leur personne sacrée aux infidèles, Sa Majesté impériale retint l'expression de ses sentimens généreux, et ne les fit connaître aux conseillers qui l'avaient suivie à l'armée que par un discours dans lequel il déclara qu'une mesure si désespérée et si déshonorante serait la dernière qu'il adopterait, même dans le danger le plus extrême. Ainsi le jugement de ce puissant prince rejeta sur-le-champ un conseil qui semblait honteux pour ses armes, et encouragea ainsi le zèle de ses troupes, tandis qu'il gardait secrètement cette porte de réserve, qui, à la dernière extrémité, pouvait lui servir pour faire sa retraite sans danger, quoiqu'elle n'eût pas été tout-à-fait honorable dans des circonstances moins urgentes.

» Au moment où la discussion était parvenue à cette crise mélancolique, le renommé Achillès Tatius arriva avec l'heureuse nouvelle, qu'il avait, avec quelques soldats de son corps, découvert une ouverture sur le flanc gauche de notre camp, par où, en faisant à la vérité un circuit considérable et en gagnant la ville de Laodicée par une marche forcée, nous pourrions, en nous repliant sur nos réserves, être jusqu'à un certain point à l'abri de tout danger de la part de l'ennemi.

» Dès que l'esprit agité de notre auguste père vit

briller ce rayon d'espérance, il fit les arrangemens nécessaires pour nous assurer pleinement cet avantage. Son Altesse impériale ne voulut pas permettre aux braves Varangiens, qu'il regardait comme la fleur de son armée, de se mettre en cette occasion au premier rang. Il réprima l'amour des batailles qui a distingué en tout temps ces généreux étrangers, et voulut que les forces syriennes de l'armée, dont nous avons déjà parlé, s'assemblassent avec le moins de bruit possible dans les environs du défilé que les ennemis n'avaient pas occupé, et cherchassent à s'en emparer. Le bon génie de l'empire lui suggéra que, comme ils ressemblaient aux ennemis par leur langue, leurs armes et tout leur extérieur, on souffrirait sans opposition que ces soldats, légèrement armés, se postassent dans ce défilé, et y assurassent ainsi le passage du reste de l'armée, dont il proposa que les Varangiens, si immédiatement attachés à sa personne sacrée, formassent l'avant-garde. Les bataillons bien connus, nommés les Immortels, marchaient ensuite, comprenant tout le gros de l'armée, et formant ensuite le centre et l'arrière-garde. Achillés Tatius, le fidèle Acolouthos de son maître impérial, quoique mortifié qu'il ne lui eût pas été permis de prendre le commandement de l'arrière-garde, où il s'était proposé de se placer avec ses vaillantes troupes, comme étant alors le poste le plus dangereux, adopta pourtant l'arrangement proposé par Sa Majesté, comme étant le plus propre à garantir la sûreté de l'empereur et celle de l'armée.

Les ordres de Son Altesse impériale furent donnés sur-le-champ, et ils furent exécutés de même, avec une ponctualité d'autant plus stricte, qu'ils annonçaient un moyen de salut dont avaient presque désespéré même les plus vieux soldats. Durant cet espace de temps ténébreux, pendant lequel, comme le dit le divin Homère, les dieux et les hommes sont également endormis, il se trouva que la vigilance et la prudence d'un seul individu avaient pourvu à la sûreté de toute l'armée romaine. Les premiers rayons du soleil frappaient à peine le sommet des montagnes qui bordaient le défilé, qu'ils furent réfléchis par les casques d'airain et les javelines des Syriens, commandés par un capitaine nommé Monastras, qui s'était attaché à l'empire avec sa tribu. L'empereur, à la tête de ses fidèles Varangiens, traversa le défilé, afin de prendre sur la route de Laodicée assez d'avance pour éviter toute collision avec les Barbares.

» C'était un beau spectacle que de voir la masse de ces guerriers du Nord, formant alors l'avant-garde de l'armée, marcher lentement et avec fermeté à travers les défilés des montagnes, autour des rochers isolés et des précipices, et gravir les hauteurs moins escarpées, comme les eaux d'un fleuve grand et puissant, tandis que des troupes détachées de soldats armés d'arcs et de javelines, à la manière de l'Orient, étaient dispersées sur les collines, et pouvaient se comparer à la légère écume qui se forme sur les bords du torrent. Au milieu des escadrons de la garde du corps, on pouvait voir le fier cheval de bataille de Sa Majesté impériale, trépignant d'impatience, comme s'il eût été indigné du délai qui le séparait de son auguste fardeau. L'empereur Alexis voyageait dans une litière portée par huit vigoureux esclaves africains, afin qu'il pût en sortir sans être épuisé de fatigue, si l'ennemi venait à atteindre l'armée. Le vaillant Achilliès Tatius était à cheval près de la litière de son maître, afin qu'aucune de ces idées lumineuses, par lesquelles notre auguste père a si souvent décidé le sort des batailles, ne fût perdue, faute de pouvoir être communiquée sur-le-champ à ceux dont le devoir était de les exécuter. Je dois dire aussi que, près de la litière de l'empereur, il y en avait trois ou quatre autres ; l'une préparée pour la lune de l'univers, comme on peut appeler l'auguste impératrice Irène. Parmi les autres qu'on pourrait mentionner, se trouvait celle qui contenait l'auteur de cette histoire, tout indigne qu'elle pût être d'aucune distinction, si ce n'est comme fille des personnages éminens et sacrés que cette relation concerne particulièrement. Ce fut de cette manière que l'armée impériale s'avança dans ces dangereux défilés, où sa marche pouvait être interrompue par les Barbares, et qu'elle traversa pourtant sans opposition. Quand on fut arrivé à la descente du défilé, d'où l'on voit la ville de Laodicée, la sagacité de l'empereur commanda à l'avant-garde, qui avait marché jusqu'alors extrêmement vite, quoique les soldats qui la composaient fussent pesamment armés, de faire halte, tant pour se rafraîchir et se reposer, que pour donner à l'arrière-garde le temps d'arriver, et de remplir les divers intervalles que le mouvement rapide de ceux qui étaient en avant avait occasionés dans la ligne de marche.

» Le lieu choisi pour cette halte était de la plus grande beauté. On n'y voyait plus qu'une chaîne de petites montagnes, comparativement à celles qui bordaient le défilé, et elles descendaient irrégulièrement dans la plaine qui s'étendait depuis ce défilé jusqu'à Laodicée. Cette ville était à environ cent stades de distance, et quelques-uns de nos guerriers les plus ardens prétendaient qu'ils pouvaient déjà en distinguer les tours et les pinacles, brillant des premiers rayons du soleil, qui n'était pas encore bien élevé sur l'horizon. Un torrent des montagnes, qui trouvait sa source aux pieds d'un énorme rocher, fendu pour lui donner naissance, comme s'il eût été frappé de la verge du prophète Moïse, portait ses trésors liquides dans un pays plus uni, et alimentait dans sa course une belle verdure et même de grands arbres. Enfin, à quatre ou cinq milles plus loin, ses eaux, du moins pendant la sécheresse, se perdaient au milieu de sables et de pierres amoncelées, qui, dans la saison des pluies, marquaient la force et l'impétuosité de son cours.

» C'était un plaisir de voir avec quelle attention l'empereur veillait à tous les besoins des compagnons et des protecteurs de sa marche. De temps en temps, les trompettes donnaient à divers corps des Varangiens le signal de déposer leurs armes pour prendre la nourriture qui leur était distribuée, et se désaltérer au ruisseau qui roulait son onde pure au pied de la montagne, et on les voyait étendre leurs membres robustes sur le gazon qui était tout autour. On servait aussi le déjeuner de l'empereur, de son épouse sérénissime, des princesses et des dames, sur le bord de la fontaine qui donnait naissance au ruisseau, et dont le respect des soldats s'était abstenu de souiller l'eau par un attouchement profane, la réservant pour l'usage de cette famille qu'on dit énergiquement née dans la pourpre. Notre époux chéri était aussi présent en cette occasion, et il fut un des premiers à découvrir un des désastres de cette journée. Quoique tout le reste du déjeuner eût été, par les soins des officiers de la bouche impériale, préparé, même dans une semblable occasion, à peu près de la même manière qu'il l'était ordinairement, cependant, quand Sa Majesté impériale demanda du vin, non-seulement la liqueur sacrée destinée à son usage particulier était épuisée, ou avait été laissée en arrière, mais on ne put même se procurer, pour nous servir des expressions d'Horace, le plus ignoble produit des vignobles sabins; de sorte que Sa Majesté fut charmée d'accepter l'offre que lui fit un barbare Varangien de sa décoction d'orge, que ces sauvages préfèrent au jus de la vigne. L'empereur agréa pourtant ce tribut grossier. »

— Ajoutez, dit Alexis qui avait été plongé jusqu'alors dans de profondes réflexions, ou qui commençait à s'endormir; ajoutez, vous dis-je, les mots suivans : — Et attendu la chaleur de la matinée et la fatigue d'une marche rapide, ayant en arrière des ennemis nombreux; l'empereur était si altéré, que jamais dans toute sa vie il ne trouva breuvage plus délicieux.

Obéissant aux ordres de son père, la princesse remit le manuscrit à la belle esclave qui l'avait écrit, en lui ordonnant d'y faire l'addition désirée et d'y joindre une note pour indiquer qu'elle était faite par l'ordre exprès et sacré de l'empereur. — J'avais dit ici quelques mots de plus, reprit-elle, sur la liqueur favorite des fidèles Varangiens de Votre Altesse impériale; mais une fois que Votre Majesté a daigné dire un mot elle-même à son éloge, cet *ail*, comme ils l'appellent, sans doute parce qu'il guérit toutes les maladies, qu'ils nomment *ailments*, devient un sujet trop élevé pour la discussion de personnes d'un rang inférieur. « Qu'il me suffise de dire que nous étions tous ainsi agréablement occupés : les dames et les esclaves cherchant à trouver quelque amusement pour les oreilles impériales; les soldats formant une longue ligne sur les bords du ravin, se montrant en différentes attitudes, les uns se promenant le long du ruisseau, les autres gardant les armes de leurs compagnons, service dans lequel ils se relevaient à tour de rôle, tandis que les différens corps des autres troupes, sous les ordres du protospathaire, et particulièrement ceux qu'on nomme les Immortels, arrivaient successivement pour rejoindre l'armée. On permit à ces soldats qui étaient déjà épuisés de fatigue, de prendre quelques instans de repos; après quoi ils se mirent en marche vers Laodicée, et l'on chargea leur chef, dès qu'il pourrait s'ouvrir une libre communication avec cette ville, d'y envoyer demander des renforts et des rafraîchissemens, sans oublier une provision convenable de vin sacré pour la bouche impériale. En conséquence, les cohortes romaines des Immortels et autres troupes s'étaient remises en marche, et elles étaient déjà à quelque distance, le bon plaisir de l'empereur ayant été que les Varangiens qui composaient d'abord l'avant-garde, formassent alors l'arrière-garde de toute l'armée, afin de ramener en sûreté les troupes légères syriennes, qui occupaient encore le défilé que nous venions de traverser sans obstacle, quand nous entendîmes, de l'autre côté de ce défilé, le son redoutable des *lelies*, comme les Arabes nomment leur cri d'attaque, quoiqu'il soit difficile de dire de quelle langue sont les mots qui le composent. » — Peut-être quelqu'un dans cet auditoire pourrait-il éclairer mon ignorance à ce sujet?

— Puis-je parler et vivre? dit l'Acolouthos Achillès, fier de ses connaissances littéraires ; les mots sont: *Alla illa alla Mohamed resoul alla.* Ces mots, ou quelque chose d'approchant, contiennent la profession de foi des Arabes ; et c'est le cri qu'ils poussent toujours quand ils sont sur le point de combattre. Je l'ai entendu bien des fois.

— Et moi aussi, dit l'empereur ; et, de même que toi, j'en réponds, j'ai quelquefois désiré être partout ailleurs qu'à portée de l'entendre.

Tout le cercle mourait d'impatience d'entendre la réponse de Tatius ; mais il était trop bon courtisan pour faire une réplique imprudente. — Il est de mon devoir, répondit-il, de désirer être toujours aussi près de Votre Majesté impériale que doit l'être votre fidèle Acolouthos, en quelque lieu que vous puissiez désirer vous-même vous trouver pour le moment.

Agélastès et Zozime échangèrent un regard, et la princesse Anne Comnène reprit sa lecture.

« La cause de ce bruit sinistre qui se faisait entendre confusément du côté du défilé nous fut bientôt expliquée par une douzaine de cavaliers à qui avait été confiée la mission de nous apporter des nouvelles.

» Ils nous informèrent que les Barbares, dont les forces avaient été dispersées autour de la position où nous avions campé la veille, n'avaient pu rassembler leurs troupes qu'à l'instant où notre infanterie légère évacuait le poste qu'elle avait occupé pour assurer la retraite de notre armée. Les Syriens descendaient alors du haut des montagnes dans le défilé, quand, en dépit du terrain rocailleux, Iezdegerd fit contre eux une charge terrible à la tête d'un corps nombreux de ses soldats, qu'il avait enfin amenés, après des efforts répétés, pour attaquer leur arrière-garde. Quoique le défilé fût un terrain défavorable pour la cavalerie, les efforts personnels du chef des infidèles firent avancer ses soldats avec un degré de résolution inconnu aux Syriens de l'armée romaine, qui, se voyant éloignés de leurs compagnons, conçurent l'idée injurieuse que nous avions voulu les sacrifier en les laissant en ce lieu; et ils songèrent à fuir de toutes parts plutôt qu'à opposer une résistance opiniâtre. La situation des affaires à l'extrémité du défilé était donc moins favorable que nous ne l'aurions voulu; et ceux qui auraient pu être curieux de contempler ce qui pouvait passer pour la déroute d'une arrière-garde virent du haut des montagnes les Syriens poursuivis, écrasés, taillés en pièces, et faits prisonniers par des bandes d'infidèles musulmans.

» Sa Majesté impériale considéra cette scène quelques minutes, et, fort ému de ce qu'il voyait, l'empereur se hâta un peu trop de donner ordre aux Varangiens de reprendre leurs armes et de marcher à pas précipités vers Laodicée ; sur quoi un de ces guerriers du Nord dit hardiment, quoique en opposition aux ordres de Sa Majesté : — Si nous essayons de descendre cette montagne à la hâte notre arrière-garde sera mise en déroute, non seulement par sa propre précipitation, mais par ces fuyards syriens, qui, dans leur retraite insensée, ne manqueront pas de venir se jeter dans nos rangs. Que deux cents Varangiens, disposés à vivre ou à mourir pour l'honneur de l'Angleterre restent avec moi dans la gorge de ce défilé, tandis que les autres escorteront l'empereur à Laodicée, si c'est le nom qu'on donne à cette ville. Nous pouvons périr en nous défendant, mais nous mourrons en faisant notre devoir, et je ne doute pas que nous ne remplissions l'estomac de ces limiers que nous entendons aboyer, de manière à leur ôter l'envie de faire aujourd'hui un autre banquet.

» Mon auguste père reconnut sur-le-champ l'importance de cet avis, et il versa presque des larmes en voyant la fidélité inébranlable avec laquelle ces pauvres Barbares s'empressèrent de compléter le nombre de ceux qui devaient entreprendre cette tâche désespérée, la cordialité avec laquelle ils prirent congé de leurs camarades, et les cris de joie qu'ils poussèrent en suivant des yeux leur souverain, tandis qu'il descendait la montagne, les laissant derrière lui pour combattre et périr. Les yeux de l'empereur se remplirent de larmes ; et je ne rougis pas d'avouer que, dans la terreur du moment, l'impératrice et moi-même, oubliant notre rang, nous payâmes un semblable tribut à ces hommes vaillans et dévoués.

Nous laissâmes leur chef occupé à ranger sa poignée de soldats de manière à pouvoir défendre le défilé. Leur centre occupa le milieu du chemin, et leurs ailes, de chaque côté, furent disposées pour pouvoir agir contre les flancs de l'ennemi s'il attaquait témérairement ceux qui seraient rangés en face de lui sur la route. Nous n'étions pas à moitié chemin de la plaine quand nous entendîmes un bruit terrible produit par les hurlemens des Arabes, et par ce cri plus ferme et plus régulier que ces étrangers ont coutume de pousser trois fois quand ils saluent leurs commandans et leurs princes, et quand ils sont prêts à livrer un combat. Leurs camarades jetèrent plus d'un regard en arrière, et le ciseau d'un sculpteur eût trouvé plus d'un noble sujet d'étude dans ces poses si variées, tandis que le soldat hésitait s'il suivrait la ligne que lui prescrivait son devoir, ou l'impulsion qui le portait à courir vers ses compagnons. La discipline l'emporta pourtant, et le corps d'armée continua sa marche.

» Une heure s'était passée, et nous avions entendu de temps en temps le bruit du combat, quand un Varangien à cheval s'approcha de la litière de l'empereur. Son coursier était couvert d'écume, et, à en juger par ses harnais, par la beauté de ses membres, et par la souplesse de ses articulations, il avait appartenu à quelque chef du désert, et était tombé en la possession du guerrier du Nord par la chance du combat. La hache que portait le Varangien était teinte de sang et la pâleur de la mort siégeait sur son visage. Ces marques d'un combat récent furent regardées comme une excuse suffisante pour l'irrégularité du salut qu'il fit à l'empereur en s'écriant : — Noble prince, les Arabes sont défaits, et vous pouvez continuer votre marche plus à loisir.

» — Où est Iezdegerd? demanda l'empereur, qui avait bien des raisons pour craindre ce chef célèbre.

» — Iezdegerd, dit le Varangien, est où sont les hommes braves qui succombent en faisant leur devoir.

» — C'est-à-dire, reprit l'empereur, impatient d'apprendre positivement le destin d'un ennemi si formidable, qu'il est....

» — Où je vais maintenant, répondit le fidèle soldat, qui tomba de cheval en prononçant ces mots, et qui expira aux pieds des porteurs de la litière impériale.

» L'empereur chargea ses serviteurs de veiller à ce que le corps de ce fidèle soldat, à qui il destinait une sépulture honorable, ne fût pas abandonné au jackal et au vautour; et quelques-uns de ses compagnons les Anglo-Danois prirent le corps sur leurs épaules, et se remirent en marche chargés de ce poids, ajouté à celui de leurs armes, et prêts à combattre pour ce précieux fardeau, comme le vaillant Ménélas pour le corps de Patrocle. »

La princesse Anne Comnène fit naturellement une pause en cet endroit; car, étant arrivée à ce qu'elle regardait probablement comme la fin d'une période bien arrondie, elle désirait se faire une idée de la sensation qu'elle avait produite sur son auditoire. Mais si elle n'eût pas donné toute son attention à son manuscrit, l'émotion du soldat étranger aurait frappé ses regards beaucoup [...] qu'elle avait commencé à lire, il avai[t ...] ne attitude qu'il avait prise en entrant, [... com]me une sentinelle en faction, et paraiss[ait ... sou]venir de rien, si ce n'est qu'il était de se[rvice en pré]sence de la cour impériale. Cependant à mes[ure que la lecture] avançait, il parut prendre plus d'intérê[t à ce qu'il en]tendait. Il écouta avec un sourire de mépris comp[ri]mé le récit des craintes et des inquiétudes des différens chefs assemblés en conseil pendant la nuit, et il eut peine à s'empêcher de rire des éloges donnés au chef de son propre corps, Achillès Tatius. Le nom même de l'empereur, quoique écouté avec respect, ne lui arracha pas ces applaudissemens que la princesse Anne avait cherché à obtenir au prix de tant d'exagérations.

Jusqu'alors la physionomie du Varangien n'avait annoncé qu'une émotion intérieure très-légère ; mais son esprit parut agité de sensations plus profondes quand la princesse en vint à la description de la halte après la sortie de l'armée du défilé, à l'attaque inattendue des Arabes, à la retraite de la colonne qui escortait l'empereur, et à la relation du combat qu'on entendait dans le lointain. Au récit de ces événemens, il perdit l'air raide et contraint d'un soldat qui écoutait l'histoire de son empereur avec le même sang-froid qu'il aurait monté la garde à la porte de son palais. Il rougit et pâlit tour à tour ; ses yeux commencèrent à devenir humides et étincelèrent ; l'agitation de ses membres augmenta à un degré dont il semblait n'être pas le maître, et tout son extérieur annonçait un auditeur prenant un intérêt profond à la lecture qu'il entendait, insensible à toute autre chose, et oubliant tout ce qui se passait devant lui, aussi bien que la qualité de ceux devant lesquels il se trouvait.

Plus la relation avançait, moins Hereward était en état de cacher son émotion : et au moment où la princesse jeta un regard autour d'elle, son agitation devint si vive, qu'oubliant où il était, il laissa tomber sa lourde hache sur le plancher, et s'écria en joignant les mains : — Mon infortuné frère !

Le bruit de cette arme en tombant fit tressaillir toute la compagnie, et plusieurs personnes prirent la parole en même temps pour chercher à expliquer un incident si extraordinaire. Achillès Tatius commença un discours destiné à excuser la manière brusque avec laquelle Hereward avait exprimé son affliction, en assurant les personnages augustes auxquels il s'adressait que le pauvre Barbare était réellement le frère cadet de celui qui commandait et qui avait trouvé la mort dans cette mémorable affaire du défilé. La princesse ne dit rien, mais elle était évidemment touchée, et n'était peut-être pas fâchée d'avoir fait naître une émotion si flatteuse pour elle comme auteur. Les autres, chacun suivant son caractère, adressèrent à l'Anglo-Saxon quelques paroles incohérentes ayant pour but de le consoler; car l'affliction produite par une cause naturelle excite en général la compassion, même de ceux en qui tout est artificiel. La voix d'Alexis imposa silence à tous ces prétendus orateurs. — Ah, mon brave soldat Édouard ! dit l'empereur, il faut que j'aie été aveugle pour ne pas te reconnaître plus tôt; car je crois qu'il se trouve quelque part une note rela-

..... à cinq cents pièces d'or que je dois au Varangien Édouard. Nous l'avons inscrit dans le registre privé des libéralités que nous devons faire à nos serviteurs, et le paiement n'en sera pas plus longtemps différé.

— Plaise à Votre Majesté, sire, dit l'Anglo-Saxon, dont les traits reprirent sur-le-champ leur caractère de brusque gravité ; ce n'est point à moi qu'il doit se faire, car il serait fait à un homme qui n'a aucun droit à votre munificence impériale. Mon nom est Hereward ; celui d'Édouard est porté par trois de mes camarades, et chacun d'eux peut, aussi bien que moi, avoir mérité une récompense de Votre Majesté pour s'être fidèlement acquitté de ses devoirs.

Tatius fit à son soldat force signes pour le mettre en garde contre la folie de refuser les marques de libéralité de l'empereur. Agélastès parla plus clairement. — Jeune homme, lui dit-il, réjouis-toi d'un honneur si inattendu, et ne réponds désormais à aucun autre nom que celui d'Édouard, par lequel il a plu à la Lumière du Monde, en laissant tomber sur toi un de ses rayons, de te distinguer des Barbares tes compagnons. Qu'importe qu'un prêtre, sur les fonts de baptême, t'ait donné un nom différent de celui par lequel il a plu à Sa Majesté de te distinguer de la masse générale de l'humanité ? C'est par ce nom glorieux que tu as le droit d'être connu désormais.

— Hereward était le nom de mon père, dit le Varangien, qui avait alors repris tout son sang-froid. Je ne puis y renoncer tant que j'honorerai la mémoire de sa mort. Édouard est celui de mon camarade, et je ne dois pas risquer d'usurper ses droits.

— Silence, vous tous! s'écria l'empereur. Si nous avons fait une méprise, nous sommes assez riche pour la réparer. Et s'il se trouve un Édouard qui mérite ma libéralité, Hereward n'en sera pas plus pauvre.

— Votre Majesté peut confier ce soin à son épouse affectionnée, dit l'Impératrice Irène.

— Sa Majesté très sacrée, dit la princesse Anne, se réserve avec tant d'avarice le plaisir de faire des actes de bienfaisance et de bonté, qu'elle ne laisse aucune occasion, même à ses plus proches parens, de déployer leur munificence et leur générosité : cependant, et autant que je le puis, je témoignerai ma reconnaissance à ce brave homme; car dans le passage où il est parlé de ses hauts faits dans cette histoire, je ferai ajouter : « Cet exploit fut accompli par l'Anglo-Danois Hereward, qu'il a plu à Sa Majesté impériale de nommer Édouard. » Gardez ceci, jeune homme, ajouta-t-elle en lui donnant en même temps une bague d'un grand prix, comme un gage que nous n'oublierons pas notre promesse.

Hereward accepta ce présent en saluant profondément, et avec une sorte de confusion qui, dans sa situation, n'avait rien de déplacé. Il fut évident pour la plupart des spectateurs que la gratitude de la belle princesse s'était manifestée d'une manière plus agréable au jeune garde-du-corps que celle de l'empereur. Il reçut la bague avec de grandes démonstrations de reconnaissance. — Précieuse relique! s'écriat-il en approchant de ses lèvres ce gage d'estime, il est possible que nous ne restions pas long-temps ensemble. Mais soyez assurée, ajouta-t-il en saluant respectueusement la princesse, que la mort seule m'en séparera.

— Continuez votre lecture, notre auguste fille, dit l'impératrice Irène; vous en avez fait assez pour prouver combien la valeur, soit dans un Romain, soit dans un Barbare, a de prix aux yeux de celle qui peut conférer la renommée.

La princesse reprit sa lecture avec une légère nuance d'embarras.

« Nous continuâmes alors notre mouvement vers Loodicée, et tous ceux qui étaient en marche se livrèrent à l'espérance. Cependant, et par une sorte d'instinct, nous ne pouvions nous empêcher de jeter souvent les yeux en arrière, du côté par où nous avions craint si long-temps d'être attaqués. Enfin, à notre grande surprise, un nuage épais de poussière s'éleva sur la rampe de la montagne, à mi-chemin entre l'endroit où nous avions fait une halte et celui où nous étions alors. Quelques-uns des soldats qui composaient notre corps en retraite, et particulièrement ceux qui étaient en arrière, se mirent à crier: — Les Arabes! les Arabes! et, se croyant poursuivis par les ennemis, ils commencèrent à marcher avec plus de précipitation. Mais les Varangiens assurèrent d'une voix unanime que c'étaient les restes du détachement de leurs compatriotes qui faisaient lever cette poussière, et qu'ils étaient en marche pour nous rejoindre, après avoir si bien défendu le poste qui leur avait été confié. Ils appuyèrent leur opinion sur des remarques suggérées par leur expérience; ils dirent que le nuage de poussière était plus concentré que lorsqu'il était occasioné par la cavalerie arabe; et ils prétendirent même, d'après les connaissances qu'ils avaient acquises en de semblables occasions, que le nombre de leurs compagnons devait être considérablement diminué. Quelques cavaliers syriens, chargés d'aller reconnaître le corps qui s'avançait, firent un rapport qui confirmait complétement l'opinion des Varangiens. Le détachement de la garde du corps avait battu et mis en fuite les Arabes; leur vaillant commandant avait tué leur chef Iezdegerd, et avait été mortellement blessé dans le combat, comme nous l'avons déjà rapporté dans cette histoire. Ceux qui avaient survécu à cette action, réduits à la moitié de leur nombre, étaient alors en marche pour rejoindre l'empereur, et arrivaient aussi vite que le permettait la nécessité où ils étaient de porter leurs blessés pour les mettre en lieu de sûreté.

» L'empereur Alexis, par une de ces brillantes idées de bienveillance qui prouvent son amour paternel pour ses soldats, ordonna que toutes les litières, même celle destinée à sa personne très sacrée, fussent envoyées sur-le-champ à ce détachement, pour dispenser les braves Varangiens de la tâche pénible de porter leurs blessés. Il est plus facile de se figurer les acclamations de reconnaissance des Varangiens que de les décrire, quand ils virent l'empereur lui-même descendre de sa litière, et monter sur son cheval de bataille, comme un simple cavalier. En même temps l'impératrice très sacrée, l'auteur de cette histoire, et les autres princesses nées dans la pourpre, montèrent sur des mules pour continuer la marche, et abandonnèrent sans hésiter leurs litières pour le service des blessés. C'était une marque de prudence aussi bien que d'humanité ; car le soulagement accordé ainsi à ceux qui portaient les blessés permit à ce qui restait des défenseurs du défilé, près de la fontaine, de nous rejoindre plus tôt qu'ils n'auraient pu le faire sans cela.

» C'était un spectacle imposant, que de voir ces hommes, qui nous avaient quittés dans toute la splendeur que le costume militaire donne à la jeunesse et à la force, reparaître devant nous réduits à la moitié de leur nombre, leurs armures brisées, leurs boucliers hérissés de flèches, leurs armes offensives teintes de sang, et tout leur extérieur portant les marques d'un combat désespéré et tout récent. Il n'était pas moins intéressant de remarquer l'accueil mutuel que se faisaient les soldats qui venaient de combattre et les compagnons qu'ils rejoignaient. L'empereur, à la demande du fidèle Acolouthos, leur permit de quitter leurs rangs, et de s'apprendre les uns aux autres l'événement du combat.

» Lorsque les deux troupes se mêlèrent ensemble, leur réunion sembla offrir l'image d'une lutte entre la joie et la douleur. Le plus civilisé de ces Barbares (et moi qui l'ai vu, je puis rendre témoignage du fait), en serrant dans ses mains nerveuses celle de quelque camarade qu'il ne comptait plus revoir, avait ses grands yeux bleus remplis de larmes, en apprenant la mort d'un autre qu'il espérait trouver parmi les survivans. D'autres vétérans examinaient les étendards sous lesquels leurs compagnons avaient combattu, s'assuraient qu'ils étaient tous revenus en sûreté et avec honneur, et comptaient combien de nouvelles flèches les avaient percés, en addition aux anciennes cicatrices qu'y avaient laissées d'autres combats. Tous donnaient de grands éloges au brave et jeune chef qu'ils avaient perdu, et ils n'accordaient pas moins de louanges à celui qui lui avait succédé dans le commandement, et qui avait ramené le détachement à la place de son frère décédé. — Et c'est lui, ajouta la princesse, — et cette phrase semblait une interpolation faite à l'instant même à son histoire, — que j'assure en ce moment de l'estime honorable qui lui est accordée par l'auteur de cette relation, et je devrais plutôt dire par tous les membres de la famille impériale, pour ses loyaux services dans une crise si importante. »

Ayant ainsi payé à son ami varangien son tribut d'éloges, auquel se mêlaient des émotions qu'on n'exprime pas volontiers devant tant de témoins, Anne Comnène passa à la partie de son histoire qui avait un rapport moins direct avec lui.

« Nous n'eûmes pas beaucoup de temps pour faire plus d'observations sur ce qui se passa entre ces braves soldats; car, après qu'on leur eut laissé quelques minutes pour se livrer à leurs sentimens mutuels, les trompettes donnèrent l'ordre de se mettre en marche vers Laodicée, et nous vîmes bientôt cette ville à environ trente stades de distance, au milieu de champs en grande partie couverts d'arbres. Il paraît que la garnison avait déjà reçu avis de notre prochaine arrivée; car nous vîmes sortir des portes des chariots de toute espèce chargés de rafraîchissemens, que la chaleur du jour, la longueur de la marche, les colonnes de poussière et le manque d'eau, nous avaient rendus très nécessaires. Les soldats doublèrent le pas avec joie, pour rencontrer plus tôt les secours dont ils avaient un si grand besoin. Mais comme la coupe ne porte pas toujours ses trésors liquides aux lèvres pour lesquelles ils sont destinés, quelque désir qu'elles puissent en avoir, quelle fut notre mortification en voyant une nuée d'Arabes sortir au grand galop de la plaine boisée qui était entre l'armée romaine et la ville, se précipiter sur les charriots, tuer les conducteurs et faire son butin de tout le convoi! C'était, comme nous l'apprîmes ensuite, un détachement commandé par Varanès, frère de Iezdegerd, qui venait d'être tué, et qui ne lui cédait pas en renommée militaire parmi ces infidèles. Quand ce chef avait vu qu'il était probable que les Varangiens réussiraient dans leur défense opiniâtre du défilé, il s'était mis à la tête d'un corps nombreux de cavalerie; et comme ces infidèles montent des chevaux qui n'ont pas d'égal pour la vitesse et l'ardeur, il avait fait un long circuit, avait traversé la chaîne de montagnes par un défilé situé plus au nord, et s'était placé en embuscade dans la plaine boisée dont j'ai parlé, dans l'espoir d'attaquer à l'improviste l'empereur et son armée, à l'instant même où l'on pouvait supposer que les Arabes étaient en pleine retraite. Cette surprise aurait certainement réussi, et il n'est pas facile de dire quelles en auraient été les suites, si la vue inattendue du convoi de provisions n'eût éveillé la rapacité effrénée des Arabes, en dépit de la prudence de leur chef et des efforts qu'il fit pour les retenir. Ce fut de cette manière que l'embuscade fut découverte.

» Mais Varanès, espérant encore gagner quelque avantage par la rapidité de ses mouvemens, réunit autant de cavaliers qu'il put en arracher à l'ardeur du butin, et marcha en avant contre les Romains, qui avaient fait halte à cette apparition imprévue. Il y eut dans nos premiers rangs un air d'incertitude et d'indécision qui fit connaître leur hésitation même à un aussi pauvre juge en fait de tactique militaire que je le suis. Au contraire, les Varangiens s'écrièrent unanimement : *Les bills* (ce qui dans leur langue signifie les haches d'armes), *les bills en avant!* Et l'empereur ayant gracieusement consenti à ce que désirait leur valeur, ils passèrent à la hâte de l'arrière-garde au premier rang. Je puis à peine dire comment cette manœuvre s'exécuta ; mais ce fut, sans aucun doute, par les ordres pleins de sagesse du sérénissime empereur mon père, distingué par sa présence d'esprit dans des circonstances difficiles de cette nature. Elle fut sans contredit grandement facilitée par la bonne volonté des troupes ; les cohortes romaines nommées les Immortels montrant, à ce qu'il me parut, pour se placer à l'arrière-garde le même empressement qu'avaient les Varangiens pour occuper les places que les Immortels laissaient vacantes en avant. Cette manœuvre fut si heureusement exécutée que, lorsque Varanès et ses Arabes arrivèrent pour attaquer notre avant-garde, ils y trouvèrent les rangs impénétrables de nos soldats du Nord. J'aurais pu tout voir de mes propres yeux et les invoquer comme témoins fidèles de tout ce qui se passa en cette occasion ; mais, pour avouer la vérité, mes yeux étaient peu habitués à un pareil spectacle. Tout ce que j'aperçus de la charge de Varanès fut un nuage épais de poussière, poussé rapidement en avant, à travers lequel on voyait imparfaitement briller des pointes de lances, et flotter les panaches de cavaliers en turban. Le tecbir fut crié si haut que j'entendis à peine le son des tambours et des cymbales qui retentissaient en même temps. Mais ces flots tumultueux et sauvages se brisèrent comme s'ils eussent rencontré un rocher.

» Les Varangiens, sans se laisser ébranler par la charge terrible des Arabes, accueillirent les chevaux et les cavaliers avec une grêle de coups de leurs pesantes haches d'armes, auxquels les plus braves des ennemis n'osaient faire face, et que les plus vigoureux ne pouvaient supporter impunément. Les gardes fortifièrent aussi leurs rangs à la manière des anciens Macédoniens; les dernières lignes pressant de si près les premières, que les beaux et légers coursiers des Iduméens ne purent faire la moindre percée dans la phalange du Nord. Les plus braves Arabes, les chevaux les plus ardens, tombèrent au premier rang; les courtes et lourdes javelines que lançaient les dernières lignes des braves Varangiens avec autant de force que d'adresse, complétèrent la confusion des ennemis, qui tournèrent le dos avec effroi et prirent la fuite.

» L'ennemi ayant été ainsi repoussé, nous continuâmes notre marche et nous ne fîmes halte que lorsque nous trouvâmes nos chariots à demi pillés. Là, quelques remarques, inspirées par la malveillance, furent faites par certains officiers de la maison impériale, qui, ayant été chargés de veiller à la sûreté du convoi, s'étaient enfuis à l'approche des Infidèles, et n'étaient revenus à leur poste qu'après les avoir vus en déroute. Ces hommes, aussi prompts en malice que lents dans un service dangereux, rapportèrent qu'en cette occasion les Varangiens avaient oublié leur devoir au point de boire une partie du vin sacré, réservé uniquement pour les lèvres de Sa Majesté impériale. Il serait criminel de nier que c'était une grande faute et une erreur coupable; cependant notre héros impérial la regarda comme une offense pardonnable, et dit, en plaisantant, que, puisqu'il avait bu l'*ail* (comme ils nomment cette boisson) de sa fidèle garde, les Varangiens avaient acquis le droit d'étancher la soif, et de soulager la fatigue qu'ils devaient au courage avec lequel ils l'avaient défendu en cette journée, même aux dépens du contenu sacré de la cave impériale.

» Cependant la cavalerie de l'armée ayant été chargée de poursuivre les Arabes en fuite, réussit à les repousser au-delà de la chaîne des montagnes qui les avait si récemment séparés des Romains. On peut donc dire justement que les armes impériales remportèrent en cette journée une victoire complète et glorieuse.

» Nous avons maintenant à parler de la joie des citoyens de Laodicée, qui, ayant vu du haut de leurs remparts, avec des alternatives de crainte et d'espérance, les fluctuations de la bataille, en descendirent alors pour féliciter le vainqueur. »

En ce moment la belle lectrice fut interrompue. La principale porte de l'appartement s'ouvrit, sans bruit à la vérité ; mais les deux battans en furent ouverts en même temps, non pas comme pour donner entrée à quelque courtisan ordinaire, en cherchant à causer le moins de dérangement possible, mais comme si l'on allait voir arriver quelqu'un d'un rang assez élevé pour qu'il s'inquiétât peu d'attirer l'attention sur ses mouvemens. Ce ne pouvait être qu'une personne née dans la pourpre ou qui y touchât de bien près qui pût se permettre une telle liberté, et la plupart de ceux qui se trouvaient dans ce temple des muses, sachant quels étaient les individus qui pouvaient y paraître, prévirent, à l'empressement qu'on mit à ouvrir, qu'ils allaient voir arriver Nicéphore Brienne, gendre d'Alexis Comnène, époux de la belle historienne, et ayant le rang de César, rang qui n'indiquait pourtant pas, comme dans les siècles antérieurs, la seconde personne de l'empire. La politique d'Alexis avait placé plus d'une personne de condition entre le César et ces droits originaires qui, plus anciennement, plaçaient cette dignité immédiatement après celle de l'empereur.

CHAPITRE V.

> La tempête rugit, avance avec fureur.
> Ce n'est point un orage, entouré de fraîcheur,
> Que font naître d'avril les entrailles humides,
> Qui mouille de l'été les lèvres trop arides.
> Les écluses du ciel s'entr'ouvrant à la fois,
> L'abîme fait entendre à l'abîme sa voix.
> L'onde avance, mugit; à sa rage écumante
> Quel bras peut opposer barrière assez puissante!
> *Le Déluge.*

Le personnage distingué qui entrait en ce moment était un noble Grec, ayant l'air majestueux, et dont les vêtemens étaient ornés des marques de toutes les dignités, à l'exception de celles qu'Alexis avait déclarées consacrées à la personne de l'empereur et à celle de Sébastocrator, qu'il avait placé au premier rang après le chef de l'empire. Nicéphore Brienne, qui était dans la fleur de la jeunesse, conservait toutes les marques de cette beauté mâle qui avait rendu ce mariage si agréable à Anne Comnène, tandis que des considérations politiques et le désir de s'assurer

l'amitié d'une maison puissante et de l'attacher au
trône, avaient été les motifs qui avaient décidé Alexis.

Nous avons déjà dit que la princesse avait sur son
époux l'avantage assez équivoque des années. Nous
avons vu des preuves de ses talens littéraires. Cependant ceux qui étaient le mieux instruits ne croyaient
pas qu'avec tous ces droits au respect, Anne Comnène eût réussi à posséder l'attachement exclusif de
son bel époux. Elle tenait de trop près à la couronne
pour qu'il fût possible à Nicéphore de paraître la
négliger; mais, d'une autre part, la famille de Nicéphore était trop puissante pour que l'empereur même
pût lui imposer des lois. Il possédait, croyait-on, des
talens qui pouvaient être également utiles en paix
comme en guerre. On écoutait donc ses avis, et l'on
demandait l'aide de ses conseils; de sorte qu'il réclamait une liberté complète quant à la disposition de
son temps. Il se rendait quelquefois moins régulièrement au temple des muses que la déesse qui y présidait ne croyait avoir droit de l'y voir, ou que l'impératrice Irène n'était disposée à l'exiger de lui, par
égard pour sa fille. L'empereur Alexis observait une
sorte de neutralité dans cette affaire, et cherchait,
autant que possible, à la dérober aux yeux du public, sachant qu'il lui fallait la force réunie de toute
sa famille pour se maintenir sur le trône dans un
empire si agité.

Il serra la main de son gendre, lorsque Nicéphore,
passant devant le trône de son beau-père, fléchit un
genou en signe d'hommage. Les manières contraintes
de l'impératrice indiquèrent un accueil plus froid; et
la belle muse elle-même daigna à peine faire atten-

tion à l'arrivée de son bel époux, quand il s'assit près d'elle sur le siége qui lui était réservé, comme nous l'avons déjà dit.

Il y eut quelques instans de silence embarrassant, pendant lesquels le gendre de l'empereur, reçu froidement, quand il s'attendait à être bien accueilli, chercha à entamer une conversation légère avec la belle esclave Astarté, qui était à genoux derrière sa maîtresse. La princesse l'interrompit, en ordonnant à sa suivante d'enfermer le manuscrit dans la cassette d'où il avait été tiré, et de le reporter elle-même dans le cabinet d'Apollon, scène ordinaire des études de la princesse, comme le temple des muses était ordinairement consacré à ses lectures.

L'empereur fut le premier à rompre ce silence désagréable. — Beau gendre, dit-il, quoique la nuit soit déjà un peu avancée, vous vous ferez tort à vous-même si vous souffrez que notre Anne renvoie ce volume qui a procuré un si grand plaisir à cette compagnie, qu'on peut dire que le désert a produit des roses, et que le lait et le miel ont découlé des rochers arides, tant est agréable la relation d'une campagne pénible et dangereuse, lorsqu'elle est revêtue du style de notre fille.

— Le César, dit l'impératrice, semble avoir peu de goût pour les mets délicats de cette espèce que sa famille peut produire. Il s'est récemment absenté plusieurs fois de ce temple des muses, et il a sans doute trouvé ailleurs une conversation et un amusement plus agréables.

— Je me flatte, madame, dit Nicéphore, que mon goût peut me justifier de cette accusation. Mais il est tout naturel que notre père très-sacré soit enchanté du lait et du miel qui sont produits pour son usage spécial.

La princesse répondit du ton d'une femme jeune et belle, qui est offensée par son amant, qui ressent cette offense, et qui cependant n'est pas éloignée d'une réconciliation.

— Si les hauts faits de Nicéphore Brienne, dit-elle, sont moins fréquemment célébrés dans ce pauvre rouleau de parchemin que ceux de mon illustre père, il doit me rendre la justice de se souvenir que c'est à sa demande expresse, soit que cette demande lui ait été inspirée par cette modestie qu'on lui attribue justement, et qui sert à orner et à relever ses autres qualités, soit qu'il se méfie avec raison des talens de son épouse pour en faire l'éloge.

— Nous rappellerons donc Astarté, dit l'impératrice. Elle ne peut avoir encore porté son offrande dans le cabinet d'Apollon.

— Sous votre bon plaisir impérial, dit Nicéphore, Apollon Pythien pourrait s'offenser qu'on lui retirât un dépôt dont il peut seul dignement apprécier le prix. Je suis venu ici pour parler à l'empereur d'affaires urgentes d'état, et non pour avoir une conversation littéraire avec une compagnie qui, je dois le dire, me paraît singulièrement mélangée, puisque je vois un simple garde-du-corps dans le cercle impérial.

— De par la croix! mon gendre, s'écria Alexis, vous faites tort à ce brave soldat. C'est le frère de ce vaillant Anglo-Danois qui assura la victoire à Laodicée par sa conduite intrépide et par sa mort glorieuse. C'est cet Edmond, ou Édouard, ou Hereward, à qui nous aurons toujours de l'obligation pour avoir assuré notre succès en ce jour de victoire. Il a été mandé en notre présence, notre gendre, car il est important que vous le sachiez, afin de rappeler à la mémoire de notre Acolouthos, aussi bien qu'à la mienne, quelques incidens de cette journée, qui auraient pu échapper à notre souvenir.

— Véritablement, sire, répondit Brienne, je regrette que mon arrivée au milieu de ces recherches importantes ait intercepté une partie de cette lumière qui doit éclairer les siècles futurs. Il me semble que, dans une bataille livrée sous vos ordres impériaux et ceux de vos grands capitaines, votre témoignage peut permettre de se passer de celui d'un homme semblable. — Dis-moi, ajouta-t-il en se tournant vers le Varangien d'un air de hauteur, quels détails peux-tu ajouter qui ne se trouvent pas dans la relation de la princesse?

Hereward répondit sur-le-champ : — Aucun, si ce n'est que, lorsque nous fîmes une halte près de la fontaine, la musique qu'y firent les dames de la maison impériale, et notamment les deux que je vois en ce moment, était la plus exquise que mes oreilles aient jamais entendue.

— Ha! s'écria Nicéphore, oses-tu proférer une opinion si audacieuse? Appartient-il à un homme comme toi de supposer un instant que la musique que pouvaient daigner faire l'épouse et la fille de l'empereur pût être destinée à devenir un sujet de plaisir et de critique pour le premier Barbare plébéien qui pourrait les entendre? Sors d'ici, et garde-toi, sous aucun prétexte, de paraître jamais devant mes yeux, — toujours sous le bon plaisir de notre beau-père impérial.

Le Varangien tourna les yeux sur Achillès Tatius, comme sur l'individu de qui il devait recevoir l'ordre de rester ou de se retirer. Mais l'empereur évoqua l'affaire devant lui-même avec beaucoup de dignité.

— Mon fils, dit-il à Nicéphore, nous ne pouvons tolérer cette conduite. Par suite, à ce qu'il paraît, de quelque querelle d'époux entre vous et notre fille, vous vous permettez étrangement d'oublier notre rang impérial, en voulant renvoyer de notre présence ceux qu'il nous a plu d'appeler devant nous. Cela n'est ni juste ni décent ; et notre bon plaisir est que ledit Hereward, ou Edouard, ou quel que soit son nom, ne nous quitte pas en ce moment, et qu'il ne suive en aucun temps d'autres ordres que les nôtres, ou ceux de notre Acolouthos Achillès Tatius. Et maintenant, laissant cette sotte discussion qu'un mauvais vent a, je crois, soulevée parmi nous, nous désirons savoir quelles sont les importantes affaires d'état qui vous ont amené en notre présence à une heure si avancée. Vous regardez encore ce Varangien. Que sa présence ne vous empêche pas de parler, je vous prie ; car il est placé à un point aussi élevé de notre confiance qu'aucun des conseillers qui ont pu prêter serment comme nos serviteurs privés.

— Entendre est obéir, répondit le gendre de l'empereur, qui vit qu'Alexis était un peu ému, et qui savait qu'en pareil cas il n'était ni sûr ni prudent de le pousser à bout. Ce que j'ai à dire, continua-t-il, doit être public dans si peu de temps que peu importe qui l'entende. Et cependant l'Occident, si plein d'étranges changemens, n'a jamais envoyé dans l'hémisphère oriental du globe des nouvelles aussi alarmantes que celles que je viens annoncer à Votre Majesté impériale. L'Europe, pour emprunter une expression à la dame qui m'honore du nom de son époux, semble ébranlée dans ses fondemens, et sur le point de se précipiter sur l'Asie.

—C'est ainsi que je me suis exprimée, dit la princesse Anne Comnène, et, comme je m'en flatte, non sans quelque énergie, quand le bruit vint jusqu'à nous que l'humeur inquiète et sauvage de ces Barbares d'Europe avait jeté des flots de nations sur notre frontière occidentale, dans le dessein extravagant de s'emparer de la Syrie, des lieux saints marqués comme étant les sépulcres des prophètes, et la scène du martyre des saints, et des grands événemens détaillés dans l'Évangile. Mais, d'après le bruit commun, cet orage a éclaté et s'est dissipé, et nous espérions que le danger était passé en même temps. Nous serions bien affligés d'apprendre qu'il en est autrement.

— Et c'est pourtant ce à quoi nous devons nous attendre, dit son époux. Il est très-vrai, comme on nous l'a dit, qu'une foule immense d'hommes de bas rang et de peu d'intelligence prirent les armes à l'instigation d'un ermite en démence, et se rendirent d'Allemagne en Hongrie, dans l'espoir que des miracles s'opéreraient en leur faveur, comme lorsque Israël fut guidé dans le désert par une colonne de feu et par un nuage. Mais ils ne virent pleuvoir ni manne ni cailles pour les proclamer le peuple d'élite de Dieu, et l'eau ne sortit pas d'un rocher pour les désaltérer. Leurs souffrances les mirent en fureur, et ils cherchèrent à pourvoir à leurs besoins en pillant le pays. Les Hongrois et d'autres nations sur nos frontières occidentales, quoique chrétiennes comme eux, n'hésitèrent pas à tomber sur cette populace en désordre, et des tas immenses d'ossemens, accumulés dans les défilés sauvages et dans les déserts arides, attestent les défaites sanglantes qui détruisirent ces hordes de pèlerins profanes.

— Nous savions déjà tout cela, dit l'empereur. Mais quel nouveau fléau nous menace aujourd'hui, puisque nous avons déjà échappé à un danger si imminent?

— Nous le savions déjà! répondit le prince Nicéphore. Nous ne savions rien de notre véritable danger, si ce n'est qu'une troupe d'animaux féroces, aussi brutaux et aussi furieux que des taureaux sauvages, menaçaient de s'ouvrir un chemin vers des pâturages qui excitaient leur envie, et qu'ils inondaient, en passant, l'empire grec et ses environs, espérant que la Palestine, avec ses fleuves de lait et de miel, les attendait encore une fois, comme le peuple prédestiné de Dieu. Mais une invasion de sauvages indisciplinés ne pouvait inspirer de terreur à une nation civilisée comme les Romains. Ce troupeau de brutes fut épouvanté par notre feu grégeois; il tomba dans les piéges et sous les traits des nations barbares qui, en prétendant à l'indépendance, couvrent notre frontière comme un rempart protecteur.

Cette vile multitude fut détruite par la qualité même des vivres qui lui furent fournis, sage moyen de résistance qui fut suggéré par le soin paternel de l'empereur et par sa politique infaillible. C'est ainsi que sa sagesse a joué son rôle, et la barque sur laquelle le tonnerre avait grondé a échappé malgré la violence de l'orage. Mais la seconde tempête, qui suit de si près la première, est produite par une nouvelle invasion de ces nations occidentales, et elle est plus formidable qu'aucune de celles que nous ou nos pères nous ayons jamais vues. Ce ne sont plus des ignorans et des fanatiques, des hommes de basse naissance, sans fortune et sans prévoyance. Tout ce que la grande Europe possède de sagesse et de talens, de bravoure et de noblesse, est maintenant uni par les vœux les plus sacrés pour le même dessein.

—Et quel est ce dessein? demanda Alexis. Parlez clairement. S'agit-il de détruire notre empire romain, et de rayer le nom de son chef de la liste des princes de la terre, parmi lesquels il a si long-temps occupé le premier rang? Nul autre motif n'a pu suffire pour occasioner une confédération comme celle dont vous parlez.

—Un tel dessein n'est pas avoué, répondit Nicéphore; et tant de princes, tant d'hommes sages, tant de ministres d'état du premier rang, n'ont d'autre but, à ce qu'on prétend, que le projet extravagant qu'avait conçu cette multitude immense de brutes qui parut la première fois dans ces contrées. Voici, très-gracieux empereur, un parchemin sur lequel vous trouverez la liste des différentes armées qui, par diverses routes, s'approchent des frontières de l'empire. Voyez : Hugues de Vermandois, surnommé d'après son rang Hugues-le-Grand, a mis à la voile des rives de l'Italie. Vingt chevaliers, couverts d'armures d'acier incrustées d'or, ont déjà annoncé leur arrivée, et sont porteurs de cet avis arrogant : « On fait savoir à l'empereur de la Grèce et à ses lieutenans que Hugues, comte de Vermandois, approche de ses territoires. Il est frère du roi des rois, — du roi de France, c'est-à-dire, — et il est suivi par la fleur de la noblesse française. Il porte la bienheureuse bannière de saint Pierre, confiée à ses soins victorieux par le saint successeur de cet apôtre; et il te donne cet avis afin que tu puisses lui préparer un accueil convenable à son rang. »

— Ce sont des mots bien ronflans, dit l'empereur; mais le vent qui siffle le plus fort n'est pas toujours le plus dangereux pour le navire. Nous connaissons quelque chose de cette nation de France, et nous en avons entendu parler encore davantage. C'est un peuple au moins aussi pétulant que brave. Nous flatterons sa vanité jusqu'à ce que nous trouvions le moment et l'occasion d'opposer une résistance plus efficace. Allez, allez; si les paroles peuvent payer les dettes, il n'y a pas de danger que notre trésor soit jamais à sec. — Et qu'y a-t-il ensuite, Nicéphore ? C'est sans doute la liste de ceux qui marchent à la suite de ce grand comte?

— Non, sire, répondit Nicéphore Brienne. Les noms que Votre Majesté impériale voit sur ce parchemin sont ceux d'autant de chefs indépendans, d'autant d'armées européennes indépendantes qui s'avancent vers l'Orient par différentes routes, et qui annoncent que leur but commun est de conquérir la Palestine sur les infidèles.

— Le catalogue en est effrayant, dit l'empereur en lisant la liste ; et cependant c'est un bonheur qu'il soit si long. Cette circonstance nous garantit qu'il est impossible qu'un si grand nombre de princes soient sérieusement et fermement unis pour un projet si étrange. Mes yeux tombent d'abord sur le nom d'un ancien ami aujourd'hui notre ennemi : — car telles sont les chances et les vicissitudes de la paix et de la guerre : — Bohémond d'Antioche. — N'est-il pas le fils du célèbre Robert d'Appulie, si renommé parmi ses concitoyens, qui, de simple cavalier qu'il était, s'éleva au rang de grand-duc, et devint souverain de sa nation belliqueuse, tant en Sicile qu'en Italie. Les bannières de l'empereur d'Allemagne et du pontife romain, et même nos étendards impériaux, ne reculèrent-ils pas devant lui? Enfin, homme d'état aussi habile que brave guerrier, ne devint-il pas la terreur de l'Europe, après avoir été un simple chevalier dont le château en Normandie n'aurait eu besoin, pour avoir une garnison complète que de six arquebuses et d'autant de lances? C'est une famille redoutable, une race aussi astucieuse que puissante. Mais Bohémond, fils du vieux Robert, suivra la même politique que son père. Il peut parler de la Palestine et des intérêts de la chrétienté ; mais si je parviens à unir ses intérêts aux miens, il n'est pas probable qu'il se laisse guider par aucune autre considération. Ainsi donc, avec la connaissance que je possède déjà de ses projets et de ses désirs, il peut se faire que le ciel nous envoie un allié sous l'apparence d'un ennemi. — Qui avons-nous ensuite ? Godefroy, duc de Bouillon, — conduisant, à ce que je vois, une armée très-formidable levée sur les bords d'un grand fleuve nommé le Rhin. Quel est le caractère de ce personnage?

— A ce que nous avons appris, dit Nicéphore, ce Godefroy est un des plus sages, des plus nobles et des plus braves chefs qui se sont mis ainsi en mouvement d'une manière si étrange; et dans cette liste de princes indépendans, aussi nombreux que ceux qui s'assemblèrent pour le siége de Troie, et la plupart suivis par des troupes dix fois plus considérables, ce Godefroy peut en être regardé comme l'Agamemnon. Les princes et les comtes l'estiment, parce qu'il est au premier rang de ceux auxquels ils donnent le nom fantasque de chevaliers, et aussi à cause de la bonne foi et de la générosité qu'il montre dans toute sa conduite. Le clergé vante son zèle pour la religion, son respect pour l'église et ses dignitaires. Sa justice, sa libéralité et sa franchise ont également attaché à ce Godefroy de Bouillon les classes inférieures du peuple. L'attention qu'il apporte en général à s'acquitter des devoirs de la morale leur est une garantie qu'il est animé d'un véritable esprit de religion; enfin tant de qualités excellentes dont il est doué, quoiqu'il soit inférieur en rang, en naissance et en pouvoir à beaucoup de princes de la croisade, le font justement regarder comme un des principaux chefs.

— C'est dommage, dit l'empereur, qu'un prince d'un caractère tel que vous venez de le décrire soit soumis à l'influence d'un fanatisme à peine digne de Pierre-l'Ermite, ou de la populace grossière qu'il conduisait, ou même de l'âne qu'il montait. Et je crois que cet âne était l'être le plus sage de la première troupe que nous avons vue, car il se mit à fuir vers l'Europe aussitôt que l'eau et l'orge commencèrent à manquer.

— S'il m'était permis de parler et de vivre, dit Agélastès, je voudrais faire remarquer que le patriarche lui-même fit une retraite semblable quand il vit qu'il pleuvait des coups et que les vivres devenaient rares.

— C'est une remarque pleine de justesse, dit l'empereur. Mais la question maintenant est de savoir si l'on ne pourrait former une principauté honorable et importante d'une partie des provinces de l'Asie-Mineure, maintenant dévastées par les Turcs. Il me semble qu'une telle principauté, avec tous les avantages du sol et du climat, avec des habitans industrieux et une atmosphère salubre, vaudrait bien les marécages de Bouillon. Elle pourrait être regardée comme dépendance du saint empire romain; et, défendue par Godefroy et ses Francs victorieux, ce serait sur ce point un boulevard pour notre personne sacrée. Eh bien! très-saint patriarche, une telle perspective n'ébranlerait-elle pas l'attachement du plus dévot croisé pour les sables brûlans de la Palestine?

— Surtout, répondit le patriarche, si le prince dont un *thème* (1) si riche deviendrait l'apanage féodal était préalablement converti à la vraie foi, comme Votre Altesse impériale l'entend sans contredit.

— Certainement, sans le moindre doute, répondit l'empereur avec une affectation convenable de gravité, quoiqu'il sût, au fond, combien de fois des rai-

(1) Les provinces s'appelaient *thèmes*. (*Note de l'auteur*.)

sons d'état l'avaient forcé à admettre au nombre de ses sujets non-seulement des chrétiens latins, mais des manichéens et autres hérétiques, et même des barbares mahométans, sans rencontrer aucune opposition dans les scrupules du patriarche. Je trouve ici, continua l'empereur, une liste si nombreuse de princes et de peuples s'approchant de nos frontières, qu'on pourrait les comparer à ces anciennes armées qu'on dit avoir desséché des rivières, épuisé des royaumes, et renversé des forêts, dans leur marche dévastatrice. — A ces mots une nuance de pâleur se répandit sur le front impérial, semblable à celle qui couvrait déjà d'un voile lugubre, le visage de la plupart de ses conseillers.

— La guerre de ces nations, reprit Nicéphore, offre aussi des circonstances qui la distinguent de toute autre, à l'exception de celle que Votre Majesté impériale a faite autrefois contre ces peuples que nous sommes accoutumés à appeler Francs. Nous devons marcher contre des hommes pour qui le tumulte des combats est comme le souffle de leurs narines; qui, plutôt que de ne pas faire la guerre, combattront leurs plus proches voisins, et se défieront les uns les autres au combat à mort avec autant de gaieté que nous défierions un camarade à une course de char. Il sont couverts d'une armure d'acier impénétrable, qui les met à l'abri des coups de lance et de sabre, et que la force extraordinaire de leurs chevaux les met en état de porter, tandis que les nôtres soutiendraient plutôt sur leurs reins le mont Olympe. Leur infanterie porte une arme pour lancer des traits, qui nous est inconnue. Ils l'appellent *arblast*, ou arbalète. On en tire, non en se servant de la main droite, comme pour l'arc des autres nations, mais en plaçant le pied sur l'arme même, et en appuyant de toute la force du corps. Cette arme lance des traits qu'ils appellent *bolts*, faits d'un bois très-dur, et garnis d'une pointe en fer ; et ils sont décochés avec une force qui fait qu'ils percent les cuirasses les plus solides, et même les murs construits en pierres, à moins qu'ils ne soient d'une épaisseur extraordinaire.

— Suffit, dit l'empereur. Nous avons vu de nos propres yeux les lances des chevaliers francs et les arbalètes de leur infanterie. Si le ciel leur a accordé un degré de bravoure qui semble presque surnaturelle aux autres nations, la Providence divine a donné aux conseils des Grecs cette prudence qu'elle a refusée aux Barbares, — l'art de faire des conquêtes par la sagesse, plutôt que par la force brutale, — le moyen d'obtenir pas notre sagacité, en faisant un traité, des avantages que la victoire même n'aurait pu nous procurer. Si nous ne connaissons pas l'usage de cette arme redoutable que notre gendre appelle arbalète, le ciel, qui nous favorise, a caché à ces Barbares de l'Occident la composition du feu grégeois et la manière de s'en servir. Et ce n'est pas sans raison qu'on lui a donné ce nom, puisqu'il n'est préparé que par la main des Grecs, et, que ce n'est que par eux qu'il peut lancer ses foudres sur l'ennemi consterné. — L'empereur se tut un instant, et jeta un regard autour de lui ; et quoique le visage de ses conseillers fût encore couvert de pâleur, il continua hardiment : — Mais pour en revenir à cette liste fatale, contenant les noms des nations qui s'approchent de nos frontières, nous en trouvons plus d'un que notre vieille mémoire devrait nous rendre familier, quoiqu'elle ne nous offre que des souvenirs éloignés et confus. Il convient que nous sachions quels sont tous ces peuples, afin que nous profitions des querelles et des dissensions qui peuvent exister entre eux, et qu'attisant parmi eux le feu de la discorde, nous puissions être assez heureux pour les détourner de continuer l'entreprise extraordinaire pour laquelle ils sont maintenant unis. — Voici, par exemple, un Robert, dit duc de Normandie, qui commande une troupe nombreuse de comtes, titre que nous ne connaissons que trop bien; d'*earls*, mot qui nous est tout-à-fait étranger, mais qui est sans doute un titre d'honneur parmi ces Barbares; et de *knights* (1), nom qui, principalement, à ce que nous croyons, est tiré de la langue franque ou de quelque autre jargon que nous ne comprenons pas. C'est à vous, très-révérend et très-docte patriarche, que je dois m'adresser de préférence, pour obtenir des informations sur ce sujet.

— Les devoirs de mon poste, répondit le patriarche Zozime, m'ont empêché, depuis que j'ai atteint l'âge mûr, d'étudier l'histoire des royaumes éloignés. Mais le sage Agélastès, qui a lu autant de volumes qu'il en aurait fallu pour remplir tous les rayons de la célèbre bibliothèque d'Alexandrie, peut sans doute répondre aux questions de Votre Majesté impériale.

Agélastès se redressa sur ses jambes infatigables

(1) Mots anglais signifiant, le premier, comte, et le second, chevalier. (*Note du traducteur.*)

qui lui avaient valu le surnom d'Éléphant, et commença sur-le-champ une réponse plus remarquable par sa promptitude que par l'exactitude des renseignemens qu'elle contenait. — J'ai lu, dit-il, dans ce brillant miroir qui réfléchit les temps de nos pères, dans les volumes du savant Procope, que les peuples qu'on nomme séparément Normands et Anglais sont véritablement de la même race, et que ce qu'on appelle quelquefois la Normandie fait partie, dans le fait, d'un district des Gaules. Au-delà, et presque en face, quoique en étant séparée par un bras de mer, est située une sombre région, séjour des tempêtes, et couverte d'éternels nuages ; région bien connue de ses voisins du continent, comme étant le pays où sont envoyés les esprits après leur séparation du corps. D'un côté du détroit demeurent quelques pêcheurs qui possèdent une étrange charte et qui jouissent de singuliers priviléges, en considération de ce qu'ils remplissent pendant leur vie les fonctions que le paganisme attribuait à Caron, et qu'ils transportent les esprits des défunts dans l'île qui est leur résidence après leur mort. Au milieu de la nuit, ces pêcheurs sont avertis, à tour de rôle, de remplir le devoir à l'accomplissement duquel est attachée la permission de résider sur cette côte étrange. On entend frapper à la porte de celui dont c'est le tour de s'acquitter de ce singulier service ; mais ce n'est point une main mortelle qui y frappe. Un léger bruit, comme celui d'une brise expirante, appelle le batelier à son devoir. Il court à sa barque sur le rivage, et il ne l'a pas plus tôt mise en mer que la quille s'enfonce dans l'eau, indiquant ainsi le poids des morts dont elle est remplie.

Nulle forme ne se fait voir; et, quoiqu'on entende des voix, les accens en sont indistincts, comme ceux d'un homme qui parle en dormant. Il traverse ainsi le détroit qui sépare le continent de l'île, avec la terreur mystérieuse qui s'empare des vivans, quand ils savent qu'ils sont en présence des morts. Il arrive sur la côte opposée, où des rochers de pierre blanche font un étrange contraste avec les ténèbres éternelles de l'atmosphère. Les mariniers s'arrêtent à l'endroit fixé pour le débarquement, mais ils ne quittent pas leur barque, car jamais un mortel ne met le pied sur cette terre. Là, la barque s'allége graduellement par le départ des êtres n'appartenant plus à ce monde, qui la chargeaient, et qui s'avancent par le chemin qui leur est fixé, tandis que les mariniers retournent de l'autre côté du détroit, après s'être acquittés de ce singulier service, auquel ils doivent la jouissance de leurs huttes pour la pêche et de leurs posessions sur cette côte mystérieuse. — Ici Agélastès se tut, et l'empereur prit la parole.

— Si cette légende nous est réellement racontée par Procope, très-docte Agélastès, il paraît que ce célèbre historien partageait la croyance des païens plutôt que celle des chrétiens relativement à notre état futur. Dans le fait, cette histoire n'est guère autre chose que l'ancienne fable du Styx des enfers. Procope, à ce que nous croyons, vivait avant la chute du paganisme; et comme nous serions très-charmé de ne pas croire bien des choses qu'il a dites à Justinien, un de nos ancêtres et de nos prédécesseurs, nous ne lui accorderons pas beaucoup de foi désormais quant aux connaissances géographiques. — Eh bien! Achillès Tatius, qu'as-tu donc? Pourquoi parle-tu à l'oreille de ce soldat?

— Ma tête est à la disposition de Votre Majesté, répondit Achillès, et elle peut payer la faute que ma langue a commise en manquant aux convenances. Je demandais à Hereward s'il savait quelque chose sur le sujet dont il s'agit; car j'ai entendu souvent mes Varangiens se donner les noms d'Anglo-Saxons, de Normands, de Bretons, ou quelque autre également barbare; et je suis sûr que l'un ou l'autre de ces noms sert en différens temps à désigner le lieu de naissance de ces exilés, qui sont trop heureux d'être bannis des ténèbres de la barbarie, en se trouvant dans le voisinage lumineux de votre présence impériale.

— Parle donc, Varangien, au nom du ciel, dit l'empereur, et apprends-nous si nous devons chercher des amis ou des ennemis dans ces hommes de Normandie qui s'approchent en ce moment de nos frontières. Parle hardiment, et si tu crains quelque danger, souviens-toi que tu sers un prince qui est en état de te protéger.

— Puisque j'ai la permission de parler, répondit Hereward, quoique je n'aie qu'une connaissance bien légère de la langue grecque, que vous nommez romaine, je me flatte que j'en sais assez pour demander à Votre Majesté impériale qu'au lieu de toute paie, donation, gratification, puisqu'il vous a plu de dire que vous m'en destiniez une, vous vouliez bien me placer au premier rang lors de la première bataille qui sera livrée à ces Normands et à leur duc Robert. Et s'il plaît à Votre Majesté de m'accorder l'aide de ceux des Varangiens que leur affection pour moi ou la haine contre leurs anciens tyrans pourront disposer à joindre leurs armes aux miennes, je ne doute guère que nous ne réglions notre long compte avec eux de telle manière, que les aigles et les loups de la Grèce n'auront plus qu'à leur rendre les derniers devoirs en arrachant leur chair de leurs os.

— Et quelle est donc, mon brave, demanda l'empereur, la querelle mortelle qui, après le laps de tant d'années, t'inspire encore un tel degré de fureur, rien qu'en entendant prononcer le nom de Normandie?

— Votre Majesté impériale en sera juge, répondit le Varangien. Mes pères et ceux sinon de tous, du moins de la plupart des soldats du corps auquel j'appartiens, descendent d'une race vaillante qui demeurait dans la Germanie, et qu'on appelle les Anglo-Saxons. Nul autre qu'un prêtre expert dans l'art de déchiffrer les anciennes chroniques ne saurait dire depuis combien de temps ils sont arrivés dans la Grande-Bretagne, alors déchirée par des guerres civiles. Mais ce qui est certain, c'est qu'ils y arrivèrent à la requête des naturels du pays, car les habitans du sud de cette île les appelèrent à leur secours. Des provinces leur furent accordées pour prix des services qu'ils avaient ainsi libéralement rendus, et la plus grande partie de l'île devint peu à peu la propriété des Anglo-Saxons, qui la divisèrent d'abord en plusieurs principautés. Ces principautés se réunirent enfin en un seul royaume dont les habitans parlaient la même langue et observaient les mêmes lois que la plupart de ceux qui composent aujourd'hui votre garde impériale des Varangiens, ou exilés.

Avec le temps, les *Northmen* (1) furent connus des peuples des climats situés plus au Midi. On les nommait ainsi, parce qu'ils venaient des régions éloignées situées sur les bords de la mer Baltique, — immense océan qui est quelquefois couvert d'une glace aussi dure que les rochers du mont Caucase. Ils venaient chercher un climat plus doux que celui que la nature leur avait accordé chez eux; et comme celui de la France était délicieux, et que les habitans n'en étaient pas portés à la guerre, ils arrachèrent à ce peuple la concession d'une grande province qu'on appella Normandie, d'après leur nom, quoique j'aie entendu dire à mon père que ce n'était pas le nom véritable de cette contrée. Ils s'y établirent sous un duc, qui reconnaissait l'autorité supérieure du roi de France, ce qui veut dire qu'il lui obéissait quand cela lui convenait.

Or il arriva, bien des années après, tandis que ces deux nations de Normands et d'Anglo-Saxons résidaient tranquillement des deux côtés du bras de la mer qui sépare la France de l'Angleterre, que Guillaume, duc de Normandie, leva tout-à-coup une grande armée, fit une descente dans le comté de Kent, de l'autre côté du détroit, et y vainquit, dans une grande bataille, Harold, qui était roi des Anglo-Saxons. Ce n'est qu'avec une profonde affliction que je puis parler de ce qui suivit. On a livré jadis bien des batailles qui ont eu des résultats terribles, mais que le temps a pourtant pu réparer; mais, hélas! à Hastings la bannière de mon

---

(1) Hommes du nord. C'est de là que vient le nom de Normand.
(*Note de l'auteur.*)

pays tomba pour ne se relever jamais. L'oppression fit passer son char sur nous. Tout ce qu'il y avait de vaillant parmi nous a quitté le pays, et il ne reste en Angleterre d'autres Anglais, — car tel est notre nom véritable, — que les esclaves des conquérans. Nombre d'habitans, Danois d'origine, qui s'étaient établis en Angleterre en différentes occasions, furent frappés de la même calamité. Tout le pays fut dévasté par ordre des vainqueurs. La maison de mon père n'est maintenant qu'un amas de ruines au milieu d'une vaste forêt, qui a été formée aux dépens de ce qui était autrefois de beaux champs et de riches pâturages, où une noble race pourvoyait à ses besoins en cultivant un sol fertile. Le feu a dévoré l'église où reposent mes ancêtres; et moi, le dernier de leurs descendans, je suis errant dans d'autres climats, — je combats pour l'intérêt d'un autre pays, — je sers un maître étranger, quoique bon; — en un mot, je suis un banni, — un Varangien.

— Et plus heureux dans cette situation, dit Achillès Tatius, que dans toute la simplicité barbare dont tes ancêtres faisaient tant de cas, puisque tu es sous l'influence encourageante de ce sourire qui est la vie du monde.

— Il est inutile de parler de cela, dit le Varangien avec un air de froideur.

— Ces Normands, dit l'empereur, sont donc le peuple qui a conquis l'île célèbre de la Grande-Bretagne, et qui la gouverne aujourd'hui?

— Cela n'est que trop vrai, répondit Hereward.

— C'est donc un peuple brave, belliqueux? dit Alexis.

— Il serait bas et faux de parler autrement de ses ennemis, répondit le Varangien. Ils m'ont fait une injure, et une injure qui ne peut jamais être réparée ; mais les calomnies ne seraient que la vengeance d'une femme. Quoiqu'ils soient mes ennemis mortels, quoiqu'ils se mêlent à tous mes souvenirs comme ce qu'il y a de plus odieux et de plus haïssable, cependant, quand toutes les troupes de l'Europe se seraient rassemblées, comme il paraît vraisemblable qu'elles le sont, nulle nation, nulle tribu n'oserait prétendre l'emporter en courage sur le fier Normand.

— Et ce duc Robert, qui est-il?

— C'est ce que je ne saurais expliquer aussi bien. Il est fils, — fils aîné, dit-on, — du tyran Guillaume, qui subjugua l'Angleterre quand j'existais encore à peine, ou que j'étais un enfant au berceau. Que Guillaume, le vainqueur d'Hastings, soit mort à présent, c'est ce dont nous sommes assurés par des rapports unanimes; mais il paraît que, tandis que son fils aîné Robert a hérité du duché de Normandie, quelque autre de ses enfans a été assez heureux pour le remplacer sur le trône d'Angleterre ; — à moins que, comme la petite ferme d'un cultivateur obscur, ce beau royaume n'ait été divisé entre les descendans du tyran.

— A cet égard, dit l'empereur, nous avons entendu dire des choses que nous tâcherons à loisir de concilier avec le récit de ce soldat; et en attendant nous regarderons comme positif tout ce que cet honnête Varangien nous a dit d'après sa connaissance personnelle. — Et maintenant, mes graves et dignes conseillers, il faut que nous terminions notre séance de ce soir dans le temple des muses; la nouvelle fâcheuse que vient de nous apporter notre très-cher gendre le César nous ayant fait prolonger le culte de ces savantes déesses plus avant dans la nuit qu'il ne convient à la santé de notre chère épouse et de notre bien-aimée fille, tandis qu'elle nous fournit à nous-même un sujet de grave délibération.

Les courtisans épuisèrent leur esprit à faire les prières les plus ingénieuses pour que le ciel détournât les suites fâcheuses que pourrait avoir cette veille prolongée.

Nicéphore et sa belle épouse se parlèrent avec une tendresse qui prouvait qu'ils désiraient également une réconciliation après leur querelle momentanée.
— En rendant compte de cette nouvelle inquiétante, mon César, dit la princesse, tu as dit certaines choses aussi élégamment tournées que si les neuf déesses auxquelles ce temple est consacré t'avaient inspiré le sujet et l'expression.

— Je n'ai pas besoin de leur aide, répondit Nicéphore, puisque je possède une muse dont l'esprit est orné de tous les attributs que les païens accordaient vainement aux neuf divinités du Parnasse.

— Fort bien, dit la belle historienne en se retirant appuyée sur le bras de son époux; mais si vous accablez votre épouse d'éloges qui sont bien au-delà de son mérite, il faut lui prêter l'aide de votre bras pour l'aider à se soutenir sous le pesant fardeau dont il vous plaît de la charger. — Le conseil se sépara après le départ de la famille impériale, et la plupart des conseillers cherchèrent à se dédommager, dans des cercles moins brillans, mais plus libres, de la contrainte qu'ils avaient été obligés de s'imposer dans le temple des muses.

CHAPITRE VI.

>Quelle est ta vanité !
>Amoncelle à ton gré l'éloge et l'hyperbole
>Pour louer la beauté dont ton esprit raffole ;
>Dis que de ses attraits le charme séducteur
>Le cède encore en elle aux qualités du cœur ;
>Fort bien ; mais garde-toi de dire avec jactance
>Qu'elle a sur tout son sexe un droit de préséance,
>Tant que vivra l'objet qui me tient sous ses lois.
>*Ancienne comédie.*

Achillès Tatius, avec son fidèle Varangien à un pas derrière lui, disparut silencieusement et presque imperceptiblement de l'assemblée qui se dispersait, comme la neige qui se dissout sur les montagnes, au retour de la chaleur. Ni le bruit de leurs armes, ni celui d'un pas présomptueux, n'annoncèrent la retraite des deux militaires. Rien ne devait troubler le silence de la demeure impériale. On cherchait même à dissimuler la présence des gardes, parce que, si près de l'empereur, il semblait que l'émanation répandue autour de la divinité du souverain du monde suffisait pour mettre sa personne en sûreté et à l'abri de toute attaque. Ainsi les plus vieux et les plus habiles courtisans (et il ne faut pas oublier parmi ce nombre notre ami Agélastès) pensaient que, quoique l'empereur employât le service des Varangiens et d'autres gardes, c'était plutôt pour la forme que dans la crainte qu'on ne commît un crime tellement odieux qu'il était d'usage de le regarder comme presque impossible. Et cette doctrine de l'impossibilité d'un tel crime se répétait de bouche en bouche dans les mêmes appartemens qui l'avaient vu commettre bien souvent, et était même prêchée par des gens qui ne passaient pas un mois sans former des projets pour mettre à exécution quelque noire conspiration contre l'empereur régnant.

Enfin le capitaine des gardes-du corps et son fidèle soldat se trouvèrent hors du palais de Blaquernal. Le passage qu'Achillès choisit pour en sortir était barré par une porte qu'un seul Varangien ferma après eux, en tirant les verrous, et en plaçant les barres de fer avec un bruit discordant et de mauvais augure. Jetant un regard en arrière sur la masse de tours, de fortifications et de clochers qu'ils laissaient enfin derrière eux, Hereward ne put s'empêcher de se trouver soulagé d'un grand poids en se voyant sous la voûte d'azur du ciel de la Grèce, où les astres brillaient d'un éclat inaccoutumé. Il respira plus librement, comme un homme à qui la liberté a été nouvellement rendue, et se frotta les mains de plaisir. Il parla même le premier à son chef, quoiqu'il ne le fît ordinairement que lorsque celui-ci lui adressait la parole.

— Il me semble, vaillant capitaine, lui dit-il, que l'air qu'on respire dans les salles que nous quittons porte avec lui un parfum qui, quelque doux qu'on puisse le dire avec raison, est si suffocant qu'il convient mieux à des chambres sépulcrales qu'à l'habitation des hommes. Je me trouve heureux d'être, comme je l'espère, délivré de son influence.

— Sois donc heureux, dit Achillès Tatius, puisque ton esprit vil et terrestre se trouve suffoqué, au lieu d'être rafraîchi, par des zéphirs qui, bien loin de causer la mort, pourraient rappeler les défunts mêmes à la vie. Cependant je dirai en ta faveur, Hereward, que, quoique tu sois Barbare de naissance, que tu ne connaisses que le cercle étroit des plaisirs d'un sauvage, et que tu n'aies d'autre idée de la vie que celle que tu tires de liens si vils et si méprisables, cependant la nature t'a destiné à de meilleures choses, et que tu as soutenu aujourd'hui une épreuve dont je crois fort qu'aucun des hommes de mon corps, qui ne sont que des masses de chair pétrifiées par la barbarie, n'aurait pu se tirer aussi bien. Et parle-moi en conscience maintenant; n'en as-tu pas été bien récompensé?

— Je ne le nierai jamais, le plaisir d'apprendre, vingt-quatre heures peut-être avant mes camarades, que les Normands viennent ici pour nous fournir l'occasion de nous venger de la journée sanglante d'Hastings, est une récompense digne d'un prince, et un dédommagement bien suffisant d'avoir passé quelques heures à écouter les longs caquets d'une dame qui a écrit sur un sujet qu'elle ne connaît pas, et les commentaires des flatteurs qui l'entouraient, et qui prétendaient lui faire le récit de choses qu'ils n'avaient pas vues, parce qu'ils n'étaient pas restés pour les voir.

— Hereward, mon bon jeune homme, tu extravagues, et je crois que je devrais te mettre entre les mains de quelque homme habile. Il était naturel que la situation dans laquelle tu viens de te trouver t'inspirât une fierté décente; mais si elle te donne de la vanité, tu en perdras presque la tête. Sur ma foi! tu as regardé hardiment en face une princesse née dans la pourpre, devant laquelle mes yeux, quoique habitués à de pareils spectacles, ne se lèvent jamais au-delà des plis de son voile.

— Ainsi soit-il, au nom du Ciel! dit Hereward. Cependant une jolie figure est faite pour être regardée, et les yeux des jeunes gens ont été faits pour voir.

— Si telle est leur destination, je conviendrai franchement que jamais les tiens n'ont eu une meilleure excuse pour la licence un peu trop forte que tu t'es permise ce soir en regardant la princesse.

— Mon bon chef, ou Suivant, ou quel que soit votre titre favori, ne poussez pas à bout un homme simple et franc qui désire remplir ses devoirs en tout honneur envers la famille impériale. La princesse, épouse du César, et née, à ce que vous me dites, d'une couleur pourpre, n'en a pas moins hérité des traits d'une femme très-aimable. Elle a composé une histoire sur laquelle je ne me permets pas de porter un jugement, puisque je ne puis la comprendre; elle chante comme un ange, et, pour terminer à la manière des chevaliers de ce jour, — quoique je ne parle pas ordinairement leur langage, — je dirai cordialement que je suis prêt à paraître dans la lice contre quiconque osera rabaisser les charmes personnels de la princesse impériale Anne Comnène ou les qualités de son esprit. Après vous avoir parlé ainsi, mon noble capitaine, j'ai dit tout ce que vous avez droit de me demander, et tout ce que j'ai à vous répondre. D'ailleurs, qu'il y ait des femmes plus belles que la princesse, c'est ce qui est indubitable, et j'en doute d'autant moins que j'ai vu moi-même une personne que je lui trouve infiniment supérieure; et finissons là cette conversation.

— Fou sans égal, dit Achillès, ta beauté ne peut être que la fille de quelque gros paysan du Nord, demeurant porte à porte avec l'âne que la nature a maudit en lui donnant si peu de jugement.

— Vous pourrez dire tout ce qu'il vous plaira, capitaine, répliqua Hereward, parce que, heureusement pour tous deux, vous ne pouvez m'offenser en parlant d'un tel sujet; d'abord parce que je ne fais pas plus de cas de votre jugement que vous n'en faites du mien, et ensuite parce que vous ne pouvez rien dire qui tende à dégrader une personne que vous n'avez jamais vue. Mais si vous la connaissiez, je ne souffrirais peut-être pas aussi patiemment des sarcasmes contre elle, même de la part d'un officier supérieur.

Achillès Tatius avait beaucoup de cette pénétration qui est nécessaire dans la situation où il se trouvait. Jamais il ne poussait à l'extrémité les esprits audacieux qu'il commandait, et il ne se permettait jamais aucune liberté avec eux au-delà de ce qu'il savait que leur patience pourrait endurer. De son côté, Hereward était un soldat accompli, et il avait, du moins à ce titre, une affection et un respect sincères pour son commandant. Quand donc l'Acolouthos, au lieu de lui montrer du ressentiment de sa hardiesse, lui eut témoigné, d'un ton cordial, du regret d'avoir blessé sa sensibilité, le mouvement de colère d'Hereward s'apaisa aussitôt; l'officier reprit de suite sa supériorité, et le soldat, marchant un pas en arrière, poussa un profond soupir arraché par quelque ancien souvenir, et reprit son silence et sa réserve ordinaires. D'ailleurs l'Acolouthos avait sur Hereward d'autres desseins sur lesquels il allait avoir à le sonder.

Après un long intervalle de silence, pendant lequel ils s'approchèrent des casernes, sombre bâtiment fortifié, qui avait été construit pour la résidence de leur corps, le capitaine fit signe à son soldat de se rapprocher de lui, et lui dit d'un ton confidentiel :— Mon ami Hereward, quoiqu'il soit à peine à supposer qu'en présence de la famille impériale tu aies remarqué aucun individu dans les veines duquel ne coule pas le sang de cette auguste maison, ou plutôt ce divin *ichor* qui, comme le dit Homère, remplace dans leurs personnes sacrées ce fluide vulgaire, cependant, durant une si longue audience, tu peux, à un extérieur et à un costume qui n'annoncent pas un courtisan, avoir distingué Agélastès, que nous avons surnommé à la cour l'Eléphant, à cause de la rigidité avec laquelle il observe l'étiquette qui ne permet à personne de s'asseoir ou de se reposer en présence de l'empereur.

— Je crois avoir remarqué l'homme que vous voulez dire. Il peut avoir soixante-dix ans et plus; il a beaucoup d'embonpoint; et s'il est chauve jusque sur le haut de la tête, il a en revanche une barbe blanche d'une longueur prodigieuse, qui tombe sur sa poitrine, et qui descend jusqu'à la toile grossière dont il se ceint les reins au lieu de la ceinture de soie que portent les autres personnes de la cour.

— Rien ne peut être plus exact, mon Varangien. Et qu'as-tu remarqué de plus en cet individu?

— Ses vêtemens étaient d'une étoffe aussi grossière que ceux que porte la dernière classe du peuple, mais de la plus grande propreté, comme s'il eût voulu afficher la pauvreté, l'insouciance ou le mépris pour la parure, en évitant en même temps tout ce qui aurait un air de négligence et de malpropreté capable d'inspirer le dégoût.

— Par sainte Sophie, tu m'étonnes, Hereward! Le prophète Balaam ne fut pas plus surpris quand son âne tourna la tête et lui parla. Et quelles autres remarques as-tu encore faites sur lui? Je vois que ceux avec qui tu te trouves doivent se méfier de tes regards observateurs, aussi bien que de ta hache d'armes.

— Plaise à Votre Valeur, nous autres Anglais, nous avons des yeux aussi bien que des bras : mais ce n'est que pour nous acquitter de notre devoir que nous permettons à notre langue de répéter ce que nous avons observé. Je n'ai fait que peu d'attention aux discours de cet homme; mais, d'après ce que j'en ai entendu, il m'a paru qu'il était assez disposé à jouer dans la conversation le rôle de plaisant, de ce que nous appelons *jack poudding;* et d'après son âge et sa physionomie, je serais tenté de dire que ce rôle ne lui est pas naturel, et que c'est un masque qu'il prend pour cacher quelque projet plus important.

— Hereward, s'écria l'officier, tu as parlé comme un ange envoyé par le ciel pour sonder le cœur des hommes. Cet Agélastès est un tissu de contradictions, tel que la terre en a rarement vu. Possédant toute cette science qui, dans les anciens temps, unissait les sages de cette nation avec les dieux mêmes, Agélastès est aussi malin que le premier Brutus, qui déguisait ses talens sous le voile de la bouffonnerie. Il ne paraît désirer aucune place; il ne recherche pas la considération, il ne fait sa cour au palais que lorsqu'il en est expressément requis; et cependant, que dirai-je, mon brave soldat, de la cause d'une influence qu'il obtient sans effort apparent, et qui s'étend presque sur les pensées des hommes, qui semblent agir comme il le désire, même sans qu'il les sollicite à cet effet? On rapporte des choses étranges de ses communications avec d'autres êtres auxquels nos pères offraient des prières et des sacrifices. Je suis pourtant déterminé à connaître la route par laquelle il s'élève si haut et si aisément vers le point auquel chacun aspire à la cour, et il faudra qu'il partage son échelle avec moi, ou je l'en précipiterai en la retirant de dessous ses pieds. C'est toi, Hereward, que j'ai choisi pour m'aider dans cette affaire, de même que les chevaliers, parmi ces infidèles nommés Francs, choisissent, quand ils entreprennent quelque aventure, un valeureux écuyer, c'est-à-dire un homme de leur suite, pour partager avec eux les dangers et ce qui doit en être la récompense ; et j'y suis décidé tant par la perspicacité que tu as montrée cette nuit, que par le courage que tu peux te vanter de posséder en commun avec tes compagnons, ou, pour mieux dire, à un degré encore plus éminent.

— Je remercie Votre Valeur, répondit le Varangien, plus froidement peut-être que son officier ne s'y attendait ; je suis prêt, comme c'est mon devoir, à vous servir en tout ce qui peut être d'accord avec ce que je dois à Dieu et à l'empereur. J'ajouterai seulement qu'ayant prêté serment comme soldat, quoique dans un rang inférieur, et qu'étant chrétien sincère, quoique ignorant, je ne veux avoir rien à démêler avec les dieux des païens, si ce n'est de les défier au nom et avec le secours des saints.

— Idiot ! dit Achillès Tatius ; t'imagines-tu qu'étant déjà investi d'une des premières dignités de l'empire, je pourrais méditer quelque projet contraire aux intérêts d'Alexis Comnène ; ou que moi, ce qui serait à peine plus croyable, moi l'ami de choix et l'allié du révérend patriarche Zozime, je voudrais m'immiscer dans quoi que ce fût qui touchât le moins du monde à l'hérésie ou à l'idolâtrie ?

— Certainement, répondit le Varangien, personne n'en serait plus surpris ou plus affligé que moi. Mais, quand nous sommes dans un labyrinthe, nous devons déclarer et annoncer que nous avançons vers notre but avec franchise et fermeté, ce qui est du moins un moyen de marcher droit. Les habitans de ce pays ont tant de manières de dire la même chose, qu'il est difficile de savoir quel est le véritable sens de leurs paroles. Nous autres Anglais, au contraire, nous n'avons qu'une seule manière d'arranger les mots pour nous exprimer, et tout l'esprit du monde ne pourrait en tirer un double sens.

— Fort bien, dit l'officier ; nous reprendrons demain plus amplement cette conversation, et, à cet effet, tu viendras me trouver un peu après le coucher du soleil. Et écoute-moi ; demain, tant que le soleil sera sur l'horizon, je te laisse la disposition de ton temps, et tu pourras l'employer à t'amuser ou à te reposer. Je te conseille de prendre ce dernier parti, car la nuit prochaine pourra nous voir veiller ensemble comme celle-ci.

Ils entraient alors dans les casernes, et ils se séparèrent, le commandant des gardes-du-corps prenant le chemin d'un bel appartement qu'il occupait en cette qualité, et l'Anglo-Saxon regagnant son logement plus humble, comme officier subalterne du même corps.

CHAPITRE VII.

―――

> Dans un si vaste champ des troupes si nombreuses
> Ne se montrèrent pas, quand on vit Agrican
> Entraîner tout le Nord, comme dit le roman
> Attaquer Albraccar, assiéger Gallaplune,
> Pour arracher enfin sa fille à l'infortune,
> A la captivité; beauté que vingt guerriers,
> Fameux par leurs exploits, tout couverts de lauriers,
> Infidèles, païens, et pairs de Charlemagne,
> Désiraient de son père obtenir pour compagne.
> *Le Paradis reconquis.*

De bonne heure, dans la matinée du jour qui suivit celui dont nous venons de parler, le conseil impérial fut assemblé; le grand nombre d'officiers généraux qui portaient des titres imposans couvrait d'un voile transparent la faiblesse réelle de l'empire grec. Les chefs étaient nombreux, les distinctions de rang entre eux très-minutieuses; mais les soldats étaient, comparativement, en très-petit nombre.

Les fonctions que remplissaient autrefois les préfets, les préteurs et les questeurs étaient alors exercées par des individus qui s'étaient graduellement élevés au pouvoir de ces officiers, et qui, devant leurs titres aux devoirs domestiques qu'ils remplissaient près de la personne de l'empereur, possédaient, d'après la nature même de leurs fonctions, l'influence la plus étendue dans cette cour despotique. Une longue suite d'officiers entra dans le vestibule du palais de Blaquernal, et ils s'avancèrent tous ensemble aussi loin que le permettait la différence de leurs grades, un certain nombre de ceux à qui leur rang ne donnait pas le droit d'aller plus avant, s'arrêtant derrière les autres dans chacune des salles qu'ils traversaient successivement. Ainsi, en arrivant dans le cabinet intérieur d'audience, ce qui n'eut lieu qu'après avoir passé par dix antichambres, cinq personnes seulement se trouvèrent devant l'empereur, dans ce sanctuaire très-sacré de la majesté impériale qui était décorée avec toute la splendeur de ce temps.

L'empereur Alexis était assis sur un trône magnifique enrichi d'or et de pierres précieuses. Aux deux côtés, probablement en imitation de la magnificence de Salomon, était la figure d'un lion accroupi du même métal. Pour ne donner qu'un exemple de tout ce que ce sanctuaire renfermait de riche et de merveilleux, un arbre, dont le tronc paraissait aussi être d'or, s'élevait derrière le trône, que ses branches couvraient comme un dais. Sur ses rameaux étaient perchés des oiseaux de différentes espèces, d'un travail curieux, et des fruits formés de pierres précieuses brillaient à travers les feuilles. Cinq officiers, les plus élevés en rang dans l'état, avaient seuls le droit d'entrer dans le cabinet sacré où l'empereur tenait son conseil. C'étaient le Grand-Domestique, qu'on peut regarder comme occupant le même rang qu'un premier ministre de nos jours ; le Logothète, ou chancelier ; le Protospathaire, ou général en chef de l'armée ; l'Acolouthos, ou commandant des gardes-du-corps ; le Patriarche.

Les portes de cet appartement secret, et celles de l'antichambre qui le précédait, étaient gardées par six esclaves nubiens contrefaits, dont les traits ridés et flétris formaient un contraste hideux avec les vêtemens blancs comme la neige et les ornemens splendides qu'ils portaient. C'étaient des muets, êtres dégradés, empruntés au despotisme oriental, afin qu'ils ne pussent révéler les actes d'une tyrannie dont ils se rendaient les instrumens passifs. On les regardait en général avec horreur plutôt qu'avec compassion ; car on croyait que des esclaves de cette espèce trouvaient un malin plaisir à se venger sur les autres des outrages irréparables qui les avaient séparés de l'humanité.

Il était d'usage (et, comme beaucoup d'autres coutumes des Grecs, cet usage passerait pour puéril dans nos temps modernes) que, par le moyen d'un mécanisme facile à concevoir, les lions, à l'entrée d'un étranger, se levassent et rugissent. Le vent semblait ensuite agiter les feuilles de l'arbre ; les oiseaux sautaient de branche en branche, béquetaient les fruits, et semblaient remplir la chambre de leurs accens. Ce spectacle avait alarmé plus d'un ambassadeur étranger, et l'étiquette voulait que les conseillers grecs eux-mêmes montrassent les mêmes symptômes de crainte et de surprise en entendant le rugissement des lions et le gazouillement des oiseaux, quoique ce fût peut-être pour la cinquantième fois. Mais en cette occasion, à cause de l'urgence des circonstances qui avaient fait assembler le conseil, on avait omis ce cérémonial.

Le discours de l'empereur parut, d'après l'exorde, devoir suppléer au rugissement des lions; mais il se termina sur un ton qui ressemblait davantage au concert des oiseaux.

Dans ses premières phrases, il parla de la hardiesse et de l'audace inouïe des milliers de Francs, qui, sous prétexte d'arracher la Palestine aux infidèles, avaient osé envahir le territoire sacré de l'empire. Il les menaça d'un châtiment que ses forces innombrables et ses officiers trouveraient, dit-il, fort aisé de leur infliger. A cette déclaration, tout l'auditoire, et surtout les officiers militaires, répondirent par des signes d'assentiment.

Cependant Alexis ne persista pas long-temps dans les intentions belliqueuses qu'il avait d'abord manifestées. Il parut enfin réfléchir que les Francs se présentaient comme les champions du christianisme. Il était possible qu'ils eussent conçu sérieusement le projet d'une croisade, et, en ce cas, le motif qui les attirait réclamait un certain degré d'indulgence, et même quelque respect, tout erroné qu'il pût être. D'une autre part, leur nombre était considérable, et l'on ne pouvait mépriser leur valeur quand on les avait vus combattre à Durazzo et ailleurs. Ils pouvaient aussi, par la permission de la Providence divine, devenir, à la longue, des instrumens utiles pour l'empire sacré, quoiqu'ils s'en fussent approchés avec si peu de cérémonie. Mêlant donc les vertus de prudence, d'humanité et de générosité, à cette valeur qui doit toujours animer le cœur d'un empereur, il avait formé un plan qu'il allait soumettre à leur examen, afin de l'exécuter sur-le-champ; et, avant tout, il demandait au Grand-Domestique de lui faire connaître sur quelles forces il pouvait compter sur la rive occidentale du Bosphore.

— Les forces de l'empire, répondit le Grand-Domestique, sont aussi innombrables que les étoiles dans le ciel ou les grains de sable sur les bords de la mer.

— Ce serait une excellente réponse, dit l'empereur, si des étrangers assistaient à cette conférence; mais puisque nous sommes en conseil privé, il est nécessaire que je sache précisément à quel nombre monte l'armée sur laquelle je dois compter. Réservez donc votre éloquence pour un moment plus convenable, et dites-moi en ce moment ce que vous entendez par le mot *innombrable*.

Le Grand-Domestique garda le silence, et hésita quelques instans; mais comme il s'aperçut que c'était un de ces momens dans lesquels il ne fallait pas badiner avec l'empereur, ce qui était quelquefois dangereux, il répondit, non sans hésitation :

— Mon maître et seigneur impérial sait mieux que personne qu'on ne peut répondre à la hâte à une telle question, si l'on veut être exact dans sa réponse. Le nombre des troupes impériales entre cette ville et les frontières occidentales de l'empire, en en déduisant ceux qui sont absens par congé, ne peut être regardé comme s'élevant au-delà de vingt-cinq à trente mille hommes tout au plus.

Alexis se frappa le front de sa main, et les conseillers, le voyant s'abandonner à une si violente expression de chagrin et de surprise, commencèrent une discussion qu'ils auraient réservée sans cela pour un temps et un lieu plus opportuns.

Par la confiance que m'accorde Votre Majesté, dit le Logothète, il a été tiré des coffres de Votre Altesse impériale, pendant le cours de l'année dernière, assez d'or pour payer un nombre de soldats double de celui que le Grand-Domestique vient de mentionner.

— Votre Majesté impériale, s'écria le ministre accusé, d'un ton assez animé, se rappellera sur-le-champ les garnisons sédentaires qui sont indépendantes des troupes mobiles, et auxquelles ce profond calculateur ne fait aucune attention.

— Silence, l'un et l'autre, dit Alexis reprenant à l'instant tout son calme. Il est très-vrai que le nombre effectif de notre armée est moindre que nous ne nous y attendions; mais n'augmentons point par des querelles les difficultés du moment. Qu'on disperse ces forces dans les vallées, dans les défilés, derrière les chaînes de montagnes, et dans tous les endroits difficiles où, à l'aide d'une position choisie avec art, une poignée d'hommes peut présenter l'apparence d'une troupe nombreuse. Tandis qu'on fera ces dispositions, nous nous occuperons de fixer avec ces croisés, comme ils se nomment, les conditions auxquelles nous leur permettrons de traverser nos domaines; et nous ne sommes pas sans espoir de gagner, en négociant avec eux, de grands avantages pour notre empire. Nous insisterons pour qu'ils ne traversent notre territoire que par armée de cinquante mille hommes à la fois, que nous transporterons successivement en Asie; de sorte que, n'étant jamais en plus grand nombre sous nos murailles, ils ne puissent compromettre la sûreté de la métropole du monde.

Tandis qu'ils se rendront sur les rives du Bosphore, nous leur fournirons des vivres s'ils marchent paisiblement et en bon ordre; et s'il s'en trouve qui s'écartent de leurs étendards ou qui nuisent au pays en maraudant, nous supposons que nos vaillans paysans n'hésiteront pas à réprimer leurs excès, sans que nous leur donnions à cet effet des ordres positifs; car nous ne voudrions pas qu'on pût nous accuser de quoi que ce fût qui eût l'air d'une violation de nos engagemens. Nous supposons aussi que les Scythes, les Arabes, les Syriens et autres troupes soudoyées à notre service ne souffriront pas que nos sujets soient opprimés en pourvoyant à leur légitime défense. Et comme il n'est pas juste de dépouiller notre pays de ses approvisionnemens pour nourrir des étrangers, nous ne serions ni surpris, ni souverainement mécontens, si, dans le nombre des sacs de farine qu'on aura à leur fournir, il s'en glisse quelques-uns remplis de craie, de chaux, ou d'autres substances semblables; car on a véritablement peine à concevoir tout ce que l'estomac d'un Franc peut digérer aisément. Leurs guides aussi, et vous veillerez à leur en choisir qui soient en état de s'acquitter de ce devoir, auront soin de les conduire par des routes difficiles et détournées; ce qui sera leur rendre un véritable service en les habituant aux fatigues du pays et du climat, qu'ils seraient obligés sans cela de supporter sans y être endurcis.

En même temps, dans vos relations avec leurs chefs, qu'ils appellent comtes, et dont il n'est aucun qui ne se croie aussi grand qu'un empereur, vous prendrez garde de ne donner aucun sujet d'offense à leur présomption naturelle, et vous ne laisserez échapper aucune occasion de les informer de la richesse et de la munificence de notre gouvernement. On peut même distribuer des sommes d'argent aux hommes d'importance, des largesses moins considérables à ceux qui seront sous leurs ordres. Vous, notre Logothète, vous veillerez à ce dernier objet; et vous, notre Grand-Domestique, vous aurez soin que ceux de nos soldats qui pourront intercepter des partis détachés de Francs se présentent toujours, autant qu'il sera possible, en costume de Barbares, et sous l'apparence d'Infidèles. En recommandant à votre zèle l'exécution de ces ordres, mon but est que les croisés reconnaissent le prix de notre amitié, et, jusqu'à un certain point, le danger de nous avoir pour ennemis, et que ceux que nous aurons transportés en sûreté en Asie forment une troupe isolée, encore immense, à la vérité, mais pourtant moins nombreuse, et à l'égard de laquelle nous puissions agir, suivant toutes les règles de la prudence chrétienne. Ainsi, en prodiguant de belles paroles à l'un, des menaces à l'autre, de l'or à l'homme intéressé, des distinctions à l'ambitieux, et en parlant raison à ceux qui seront en état de l'entendre, nous ne doutons pas que nous ne déterminions ces Francs, partis de mille points différens et ennemis les uns des autres, à nous reconnaître pour leur maître commun, plutôt que de choisir un chef parmi eux, quand ils seront

instruits du fait important que chaque village de la Palestine, depuis Dan jusqu'à Bersabée, est l'ancienne propriété de l'empire romain, et que tout chrétien qui prend part à une guerre pour recouvrer ce pays doit le faire comme notre sujet, et conserver à titre de vassal de notre couronne les conquêtes qu'il peut faire. Le vice et la vertu, la folie et le bon sens, l'ambition et le désintéressement, feront également une loi à ceux de ces hommes singuliers qui survivront à leurs compagnons, de devenir les feudataires de l'empire, le bouclier de l'empereur votre père, plutôt que ses ennemis. Tous les courtisans inclinèrent la tête en poussant l'exclamation orientale :
— *Vive l'Empereur!*

Quand le bruit de ces acclamations se fut calmé, Alexis reprit la parole. Je répéterai encore une fois que mon fidèle Grand-Domestique et ses subordonnés devront confier l'exécution de ceux de ces ordres qui peuvent avoir un air d'agression, à des troupes qui parlent une langue étrangère et qui offrent l'extérieur de Barbares, et je regrette de dire qu'il s'en trouve dans notre armée impériale un plus grand nombre que de nos sujets naturels et orthodoxes.

Ici le Patriarche intervint pour donner son opinion.

— C'est une consolation, dit-il, de penser qu'il ne se trouve dans l'armée impériale que peu de véritables Romains; car il est convenable qu'une profession aussi sanglante que la guerre soit suivie par ceux dont la doctrine aussi bien que la conduite méritent une éternelle damnation dans l'autre monde.

—Révérend Patriarche, dit l'empereur, nous sommes loin de prétendre, avec les Barbares infidèles, que le paradis doit se gagner par le sabre; cependant nous aimons à espérer qu'un Romain mourant et combattant pour sa religion et son empereur peut avoir autant d'espoir de salut, après que l'agonie mortelle est passée, que l'homme qui meurt en paix sans avoir la main ensanglantée.

— Il me suffit de dire reprit le Patriarche que la doctrine de l'église n'est pas si indulgente. L'église est pacifique, et ses promesses de faveurs sont pour les hommes de paix. Ne croyez pourtant pas que je ferme les portes du ciel au soldat, parce qu'il est soldat, si du reste il croit à toutes les doctrines de notre église, et s'il en suit tous les préceptes. Je condamne encore bien moins les sages mesures de Votre Majesté pour affaiblir la puissance et diminuer le nombre de ces hérétiques latins, qui viennent ici pour nous dépouiller, et peut-être pour piller l'église et le temple, sous le vain prétexte que le ciel leur permettra, à eux, souillés de tant d'hérésies, de reconquérir cette Terre-Sainte que les prédécesseurs de Votre Majesté très-sacrée, véritables chrétiens orthodoxes, n'ont pu empêcher de tomber sous le joug des Infidèles. Et j'espère bien que Votre Majesté ne permettra aux Latins de former aucun établissement sans qu'on y voie ériger une croix dont les quatre parties soient de la même longueur, au lieu de cette erreur funeste et damnable qui, dans l'église occidentale, prolonge la partie inférieure de ce très-saint emblème.

— Révérend Patriarche, répondit l'empereur, ne croyez pas que nous attachions peu d'importance à vos scrupules : ils ont du poids, sans doute ; mais la question maintenant est de savoir, non pas si nous pourrons convertir à la vraie foi ces Latins hérétiques, mais comment nous pourrons éviter d'être écrasés par leurs armées innombrables, qui ressemblent à ces nuées de sauterelles qui les ont précédées et qui en ont été le pronostic.

— Votre Majesté agira avec sa prudence ordinaire, dit le Patriarche. Quant à moi je ne fais qu'exprimer mes doutes, afin de sauver mon ame.

— Nous ne faisons aucun tort à vos sentimens en les interprétant, très-révérend Patriarche, dit l'empereur. Et vous, continua-t-il en s'adressant à ses autres conseillers, veillez, chacun en ce qui le concerne, à ce que toutes les mesures soient prises pour l'exécution des ordres que nous vous avons donnés en général. Ils sont écrits en encre sacrée, et notre signature est dûment marquée des teintes de vert et de pourpre. Qu'on y obéisse donc strictement. Nous prendrons nous-même le commandement de celles des cohortes des Immortels qui restent dans la ville, et nous les joindrons à celles de nos fidèles Varangiens. A la tête de ces troupes, nous attendrons l'arrivée de ces étrangers sous les murs de notre capitale ; et, évitant le combat aussi long-temps que notre politique pourra le retarder, nous serons prêts à subir toutes les chances qu'il plaira au Tout-Puissant de nous envoyer.

Le conseil se sépara, et les différens chefs commencèrent à s'occuper avec activité de l'exécution des diverses instructions, civiles et militaires, secrètes ou publiques, pacifiques ou hostiles, qu'ils avaient reçues relativement aux croisés. Le génie particulier du peuple grec se fit remarquer en cette occasion. Son ostentation et sa jactance répondaient aux idées que l'empereur désirait faire concevoir aux croisés de l'étendue de son pouvoir et de ses ressources. Et nous ne devons pas déguiser que l'égoïsme astucieux de la plupart des serviteurs d'Alexis chercha à trouver quelque moyen indirect d'exécuter les ordres de leur maître de la manière la plus convenable à leur intérêt privé.

Cependant la nouvelle s'était répandue dans Constantinople de l'arrivée d'une immense armée, composée de toutes les nations de l'Occident, sur les frontières de l'empire grec, dans le dessein de passer dans la Palestine. Mille bruits différens exagéraient encore, s'il était possible, un événement si merveilleux. Les uns disaient que le but des croisés était de conquérir l'Arabie, de détruire le tombeau du prophète, et de faire de sa bannière verte une housse pour le cheval du frère du roi de France. D'autres supposaient que la ruine et le sac de Constantinople était le véritable objet de la guerre. Une troisième classe pensait qu'elle était entreprise pour forcer le Patriarche à reconnaître la suprématie du pape, à adopter la forme de la croix latine et à mettre fin au schisme.

Cette nouvelle étonnante était racontée partout avec des variantes conformes au goût et aux préjugés particuliers de ceux qui l'apprenaient; et les Varangiens y ajoutèrent aussi leurs commentaires. Ils l'apprirent d'abord par notre ami Hereward, qui était un de leurs officiers subalternes nommés connétables, ou sergens, et qui laissa transpirer quelque chose de

ce qu'il avait entendu la soirée précédente; songeant
que le fait devait bientôt être de notoriété publique,
il n'avait pas hésité à donner à entendre à ses camarades qu'ils allaient voir arriver une armée de Normands sous les ordres du duc Robert, fils du célèbre
Guillaume-le-Conquérant, et avec des intentions hostiles, particulièrement contre eux, à ce qu'il con-
cluait. Comme tous les autres hommes qui se trouvent dans des circonstances particulières, les Varangiens admirent une explication qui s'adaptait à leur
situation. Ils supposèrent que ces Normands, qui
haïssaient les Saxons, et qui avaient travaillé avec
tant d'ardeur à les déshonorer et à les opprimer, les
poursuivaient alors jusque dans la capitale étrangère
où ils avaient trouvé un refuge, et avaient le dessein
de faire la guerre au prince généreux qui les protégeait. Dans cette croyance, ils jurèrent à plusieurs
reprises en norse et en anglo-saxon que leurs bonnes
haches prendraient leur revanche de la défaite d'Hastings; et en buvant à longs traits le vin et l'ale, ils
se défièrent à qui montrerait le ressentiment le plus
profond, et tirerait la vengeance la plus signalée de
toutes les injures que les Anglo-Saxons avaient reçues de leurs oppresseurs.

Hereward, qui avait répandu cette nouvelle parmi
ses camarades, ne tarda pas à se repentir de l'avoir
laissée échapper de ses lèvres, tant ils l'assaillirent de
questions pour obtenir de lui des détails précis à ce
sujet; mais il se crut obligé de leur cacher l'aventure
qui lui était arrivée la veille, et le lieu où il avait obtenu ses informations.

Vers midi, à l'instant où il était fatigué de faire la

même réponse aux mêmes questions, et d'en éluder d'autres semblables qui se renouvelaient à chaque instant, le son des trompettes annonça la présence de l'Acolouthos Achillès Tatius, qui venait directement, se disait-on tout bas, de l'intérieur sacré du palais, pour apporter la nouvelle de l'approche immédiate de la guerre.

L'Acolouthos leur apprit que les Varangiens et les cohortes romaines appelées les Immortels, devaient former un camp sous les murs de la ville, afin d'être prêts à la défendre au premier signal. Cette nouvelle mit tout en mouvement dans les casernes, chacun faisant ses préparatifs pour la campagne qui approchait. C'était un tel chaos d'acclamations bruyantes et de cris tumultueux, qu'Hereward, à qui son grade permettait de laisser le soin d'apprêter ses équipages à un page ou à un écuyer, saisit cette occasion pour quitter les casernes, et pour chercher, à quelque distance de ses compagnons, un endroit solitaire où il pût se livrer à ses réflexions sur l'enchaînement singulier d'événemens qui l'avait mis en communication directe avec la famille impériale.

Passant à travers des rues étroites, alors désertes à cause de la chaleur du soleil, il arriva enfin à une de ces grandes terrasses qui, descendant en quelque sorte en escalier sur les bords du Bosphore, formaient une des plus belles promenades de l'univers, terrasse que nous croyons être encore aujourd'hui une promenade publique destinée aux plaisirs des Turcs, comme elle l'était jadis à ceux des chrétiens. Ces terrasses, en forme de gradins, étaient plantées d'un grand nombre d'arbres, parmi lesquels le cyprès, suivant l'usage, était le plus généralement cultivé. On y voyait différens groupes d'habitans de la ville, les uns allant et venant d'un air inquiet et affairé, les autres debout et arrêtés comme pour discuter la nouvelle étrange et importante du jour ; plusieurs, avec l'insouciante indolence d'un climat oriental, prenant à l'ombre leurs rafraîchissemens du midi, et passant leur temps comme s'ils n'eussent eu qu'à jouir du présent, laissant au lendemain le soin des soucis qu'il pourrait amener.

Tandis que le Varangien, craignant de trouver quelque figure de connaissance dans ce concours de peuple, ce qui ne convenait pas au désir de solitude qui l'y avait amené, descendait ou passait d'une terrasse à l'autre, chacun le regardait d'un air de curiosité qui annonçait l'envie de l'interroger ; car, d'après les armes qu'il portait et le poste qu'il occupait à la cour, on le regardait comme un homme qui devait nécessairement être mieux instruit que les autres de la nouvelle du jour : — l'invasion singulière de nombreux ennemis, qui arrivaient de différens côtés. Personne n'eut pourtant la hardiesse d'adresser une question au soldat de la garde, quoique tout le monde le regardât avec un intérêt peu commun. Il sortit des allées découvertes pour entrer dans de plus sombres, quitta les terrasses les plus fréquentées pour passer sur celles qui étaient plus solitaires, et cependant il sentait qu'il ne devait pas se considérer comme étant seul.

Le désir qu'il éprouvait d'être dans la solitude fit enfin qu'il regarda davantage autour de lui, et il s'aperçut bientôt qu'il était suivi par un esclave noir, personnage qui n'était pas assez rare dans les rues de Constantinople pour exciter une attention particulière. Ses regards s'étant pourtant fixés sur cet individu, il commença à désirer d'échapper à sa surveillance. Il avait d'abord changé de place pour éviter la société en général, et il eut alors recours au même expédient pour se débarrasser d'un homme qui semblait épier de loin tous ses pas. Grâce à cette manœuvre, il le perdit de vue quelques minutes, mais bientôt il le revit de nouveau, trop loin de lui pour passer pour un compagnon de promenade, mais assez près pour jouer le rôle d'espion. Mécontent de cette obstination, le Varangien changea tout-à-coup de marche, et se trouvant dans un endroit où personne n'était en vue que l'objet de son ressentiment, il marcha droit à lui, et lui demanda pourquoi et par quel ordre il se permettait de suivre ses pas. Le nègre, dans un jargon aussi mauvais que celui dans lequel le Varangien lui parlait, quoique d'un autre genre, lui répondit qu'il avait ordre de s'assurer où il allait.

— Qui a donné cet ordre? demanda le Varangien.

— Mon maître et le vôtre, répondit hardiment le nègre.

— Misérable infidèle! s'écria Hereward courroucé, quand avons-nous été compagnons de service, et qui est celui que tu oses appeler mon maître?

— Un homme qui est maître du monde, puisqu'il commande à ses passions.

— J'aurai peine à commander aux miennes, si tu réponds à mes questions sérieuses par des quolibets philosophiques. Encore une fois, que veux-tu? Pourquoi as-tu la hardiesse de m'épier?

— Je vous ai déjà dit que j'exécute les ordres de mon maître.

— Mais il faut que je sache qui est ton maître.

— Il faut donc qu'il vous réponde lui-même : il ne confie pas à un pauvre esclave comme moi le motif des ordres qu'il lui donne.

— Il t'a laissé une langue cependant, avantage que voudraient avoir quelques-uns de tes concitoyens. Ne me pousse pas à t'en priver, en refusant de m'apprendre ce que j'ai le droit de te demander.

A la grimace que fit le nègre, il était aisé de voir qu'il méditait quelque nouveau subterfuge ; mais Hereward y coupa court en levant sur lui le manche de sa hache.

— Ne me force pas à me déshonorer, s'écria-t-il, en te frappant d'une arme destinée à un usage bien plus noble.

— Je n'en ai pas envie, vaillant guerrier, dit le nègre quittant le ton moitié impudent, moitié plaisant, qu'il avait pris jusqu'alors, et manifestant par ses manières la crainte qu'il éprouvait. Si vous tuez le pauvre esclave, vous n'en saurez pas plus ce que son maître lui a défendu de dire. Quelques pas peuvent vous éviter la peine de battre un homme qui ne peut résister, préserver votre honneur de toute souillure, et m'épargner le désagrément d'avoir à endurer ce que je ne puis ni rendre ni éviter.

— Conduis-moi donc, dit le Varangien, et sois sûr que tu ne m'abuseras point par de belles paroles. Je saurai quel est l'homme assez imprudent pour s'arroger le droit de faire épier mes actions.

Le nègre marcha en avant avec une sorte de sourire particulier à sa physionomie, et qu'on aurait pu regarder également comme une expression de malice ou de simple gaieté. Le Varangien le suivit, non sans quelque méfiance; car le hasard voulait qu'il n'eût eu que très-peu de rapports avec la malheureuse race des Africains, et il n'était pas encore totalement revenu de l'impression fâcheuse qu'il avait éprouvée en les voyant pour la première fois, quand il était arrivé du Nord. Cet homme se retourna si souvent pour le regarder pendant qu'ils marchaient ainsi, et il fixait sur lui des yeux si pénétrans et si observateurs, qu'Hereward sentit renaître involontairement dans son esprit les préjugés anglais qui attribuaient aux démons la couleur noire et les traits difformes de son compagnon. Il était assez naturel que ces idées se présentassent d'elles-mêmes à l'ignorant et belliqueux insulaire, et l'endroit où il fut conduit servit encore à l'y conformer.

Des belles promenades en terrasse dont nous avons fait la description, le nègre le conduisit par un sentier en pente vers le bord de la mer, dans un lieu qui, bien loin d'avoir été, comme les autres parties de la côte, arrangé en promenades et en terrasses, semblait au contraire entièrement négligé, et était couvert de ruines antiques, couvertes en partie par des herbes qui attestaient la force de la végétation dans ce climat. Ces débris d'anciens bâtimens, occupant une sorte de renfoncement dans la baie, étaient cachés de chaque côté par une élévation du terrain ; de sorte qu'on ne pouvait voir cet endroit d'aucune partie de la ville, quoiqu'il fût compris dans son enceinte ; de même, on n'apercevait de là aucun des palais, aucune des églises, des tours et des fortifications que présentait la capitale. Le site de ce lieu solitaire, encombré de ruines, couvert de cyprès et d'autres arbres, et placé au milieu d'une ville populeuse, avait quelque chose d'imposant et de propre à faire impression sur l'imagination. Ces ruines étaient d'une date très-ancienne, et le style de l'architecture annonçait l'ouvrage d'un peuple étranger. Les restes gigantesques d'un portique, les fragmens mutilés de statues d'une taille colossale, mais exécutées dans un goût et des attitudes si barbares qu'elles offraient un contraste complet avec les ouvrages des statuaires grecs, et les hiéroglyphes à demi effacés qu'on pouvait encore remarquer sur quelques débris de sculptures, confirmaient ce que la tradition populaire racontait de leur origine.

Suivant cette tradition, ces ruines étaient celles d'un temple dédié à la déesse égyptienne Cybèle, temple qui avait été construit dans le temps où l'empire romain était encore païen, et où Constantinople portait encore le nom de Byzance. On sait que les superstitions des Égyptiens, aussi grossières dans leur sens littéral que dans leur interprétation mystique, et fondement d'une foule de doctrines absurdes, n'étaient ni admises, ni reconnues, même par les principes de tolérance générale, et par le système de polythéisme adopté à Rome; et que des lois, plusieurs fois renouvelées, défendaient de leur rendre le respect qu'obtenaient dans l'empire presque toutes les autres religions, quelque absurdes et extravagantes qu'elles fussent. Ces rites égyptiens avaient pourtant des charmes pour les esprits curieux et superstitieux, et, après une longue opposition, ils parvinrent à s'introduire dans l'empire.

Cependant, quoique tolérés, les prêtres égyptiens étaient plutôt considérés comme des sorciers que comme des pontifes, et dans l'opinion populaire leurs rites avaient plus de rapport à la magic qu'à aucun système régulier de dévotion.

Flétri d'une telle imputation, même parmi les païens, le culte égyptien inspirait aux chrétiens une horreur encore plus mortelle qu'aucun autre.

Le culte brutal d'Apis et de Cybèle était regardé non-seulement comme un prétexte pour se livrer à des plaisirs obscènes et honteux, mais comme tendant à ouvrir et à favoriser un dangereux commerce avec les mauvais esprits, qu'on supposait prendre, sur ces autels profanes, le nom et le caractère de ces infâmes divinités. Ainsi donc, lorsque l'empire fut converti au christianisme, non-seulement le temple de Cybèle, avec son portique gigantesque, ses statues colossales sans élégance, et ses hiéroglyphes fantasques, fut abattu et détruit; mais le sol même sur lequel il avait existé fut regardé comme profané, et aucun empereur n'y ayant encore fait ériger d'église chrétienne, cet endroit restait dans l'état d'abandon que nous avons décrit.

Le Varangien connaissait parfaitement la mauvaise renommée de ce lieu, et quand le nègre parut disposé à avancer au milieu de ces ruines, il hésita à le suivre, et dit à son guide : — Écoute-moi, mon ami noir; ces énormes et bizarres statues, les unes sans tête, les autres à tête de chien ou de vache, n'inspirent pas une grande vénération au peuple de ce pays. En même temps, la couleur de ta peau, mon camarade, ressemble trop à celle de Satan pour qu'on puisse t'accompagner sans méfiance au milieu de ces ruines, qui sont, dit-on, hantées tous les jours par l'esprit de mensonge. On assure que minuit et midi sont les instans de ses apparitions. Je n'irai donc pas plus loin avec toi, à moins que tu ne me donnes une raison suffisante pour m'y déterminer.

— En me faisant un aveu si puéril, répondit le nègre, vous m'ôtez véritablement tout désir de vous conduire près de mon maître. Je croyais parler à un homme d'un courage invincible, et doué de ce bon sens qui est le meilleur fondement du vrai courage. Mais votre valeur ne vous donne de la hardiesse que pour battre un esclave noir, qui n'a ni la force ni le droit de vous résister ; et votre courage ne va pas jusqu'à regarder une muraille du côté de l'ombre, même pendant que le soleil est sur l'horizon.

— Tu es un insolent, dit Hereward en levant sa hache.

— Et vous êtes fou de vouloir prouver votre valeur et votre sagesse par les moyens qui sont précisément propres à en faire douter. Je vous ai déjà dit qu'il y a peu de bravoure à battre un malheureux esclave comme moi ; et un homme de bon sens, qui veut connaître son chemin, ne commence point par chasser son guide en le battant.

— Je te suis, dit le Varangien, piqué de ce reproche de poltronnerie ; mais si tu me conduis dans un piége, tes beaux discours ne sauveront pas tes os, quand même un millier d'êtres de ta couleur, de la terre ou de l'enfer, seraient prêts à prendre ta défense.

— Vous en voulez cruellement à la couleur de ma peau. Comment savez-vous si c'est une chose qu'on peut regarder comme réelle et constante? vos yeux vous apprennent que la couleur du ciel change tous les jours et s'obscurcit après avoir brillé, et cependant vous savez que ce changement n'est pas dû à une couleur véritable du firmament. Ce phénomène, qu'on remarque sur la voûte céleste, a lieu aussi sur la surface de la mer. Comment donc pouvez-vous savoir si la différence de ma couleur à la vôtre n'est pas causée par quelque changement trompeur de ma nature, et si ce n'est pas une apparence au lieu d'être une réalité?

— Tu peux t'être peint, dit le Varangien après un instant de réflexion, et par conséquent la noirceur de ta peau peut n'être qu'apparente. Mais je pense que ton vieil ami, le diable lui-même, pourrait à peine reproduire d'une manière aussi parfaite ces grosses lèvres, ce sourire sardonique, ces dents blanches et ce nez aplati, si cet ensemble particulier de physionomie nubienne, comme on l'appelle, n'existait réellement pas; et pour t'épargner quelque embarras, je te dirai, mon ami noir, que, quoique tu parles à un Varangien sans éducation, je ne suis pas tout-à-fait sans expérience dans l'art qu'ont les Grecs de faire passer dans l'esprit de ceux qui les écoutent des paroles mielleuses et bien arrangées pour de bons raisonnemens.

— Oui-dà? dit le nègre avec un air de doute et de surprise. Et l'esclave Diogènes, — car tel est le nom que m'a donné mon maître,—peut-il vous demander comment vous avez acquis un talent si extraordinaire?

— Cela sera bientôt dit. Mon compatriote Witikind, un des connétables de notre corps, s'étant retiré du service, passa le reste d'une longue vie dans cette ville de Constantinople. N'étant plus occupé des travaux de la guerre, soit sur le champ de bataille, soit dans la pompe fatigante de l'exercice et de la parade, le pauvre vieillard, ne sachant que faire pour passer le temps, suivit les cours des philosophes.

— Et qu'y apprit-il? Un Barbare, blanchi sous le casque, ne devait pas être, ce me semble, un élève brillant dans nos écoles?

— Mais tout aussi brillant, ce me semble, qu'un vil esclave. Du reste, j'ai appris de lui que les maîtres de cette science frivole se creusent la tête pour substituer les mots aux idées dans leurs raisonnemens; et comme ils ne sont jamais d'accord sur la signification des mots, leurs argumentations ne peuvent jamais arriver à une conclusion juste et satisfaisante, puisqu'ils ne peuvent s'accorder sur la manière d'exprimer leurs opinions. Leurs théories, comme ils les appellent, sont bâties sur le sable, et le vent et la marée les renverseront.

— Dites cela à mon maître, dit le nègre d'un ton sérieux.

— Je le lui dirai, répondit le Varangien; et il verra en moi ce que je suis, un soldat ignorant, n'ayant que peu d'idées, et ne connaissant que sa religion et son devoir comme militaire : mais on ne me fera renoncer à ces opinions, ni par une batterie de sophismes, ni par les artifices ou les erreurs du paganisme, de ce monde ou de l'autre.

— Vous pouvez lui dire vous-même votre façon de penser, dit Diogènes. — Il fit un pas de côté, comme pour faire place au Varangien, et lui fit signe d'aller en avant.

Hereward avança par un sentier presque imperceptible et à peine frayé à travers de longues herbes; et tournant autour d'un autel à demi démoli, où l'on voyait les débris du bœuf ou du dieu Apis, il se trouva tout-à-coup en face du philosophe Agélastès, assis sur le gazon au milieu des ruines.

CHAPITRE VIII.

———

> A travers ces vains fils qui souvent embarrassent
> Le sophiste en ses argumens,
> La raison, le simple bon sens,
> Par un chemin aisé sans difficulté passent.
> Ainsi l'on voit tomber les nuages erraus
> Sur le sommet de la montagne,
> Lorsque de ses rayons naissans
> L'Aurore au teint de rose éclaire la campagne.
> WATTS.

Le vieillard se leva avec vivacité en voyant approcher Hereward. — Mon brave Varangien, lui dit-il, toi qui apprécies les hommes et les choses, non suivant la fausse valeur qu'on leur attribue en ce monde, mais d'après leur importance réelle et leur véritable prix, tu es le bienvenu, quel que soit le motif qui t'a amené ici. — Tu es le bienvenu dans un lieu où règne ce principe, que le premier devoir de la philosophie est de dépouiller l'homme de ses ornemens empruntés, et de le réduire à la juste valeur de ses propres attributs de corps et d'esprit, considérés en eux-mêmes.

— Vous êtes un courtisan, monsieur, répondit le Saxon; et ayant le privilége d'être admis dans la compagnie de Sa Majesté impériale, vous savez qu'il y a vingt fois plus de cérémonial qu'un homme comme moi n'en peut connaître, pour régler la conduite des divers rangs de la société; et l'on pourrait exempter un homme simple comme je le suis de paraître devant ceux qui sont au-dessus de lui, et en présence desquels il ne sait pas exactement comment il doit se comporter.

— C'est la vérité, répondit le philosophe; mais un homme comme vous, noble Hereward, mérite plus de considération aux yeux d'un vrai philosophe qu'un millier de ces insectes que les sourires d'une cour appellent à la vie, et qu'un caprice fait rentrer dans le néant.

— Mais vous-même, monsieur, vous êtes un courtisan.

— Et un courtisan très-ponctuel. Je me flatte qu'il n'existe pas un seul sujet de l'empire qui connaisse mieux les dix mille points de cérémonial que doivent observer les divers rangs à l'égard des différentes autorités. Il est encore à naître l'homme qui peut dire m'avoir vu dans une attitude plus commode que debout sur mes jambes, en présence de la famille impériale. Mais quoique je prenne cet extérieur dans la société, et que je me conforme en cela à ses erreurs, mon caractère est plus grave, et mon jugement plus digne de l'homme, fait, comme on le dit, à l'image de son créateur.

— Vous ne pouvez avoir que peu d'occasions d'exercer votre jugement en ce qui me concerne; et je ne désire pas que personne me prenne pour autre que je ne suis, — un pauvre exilé, cherchant à élever sa foi vers le ciel, et à remplir ses devoirs, tant envers le monde dans lequel il vit qu'à l'égard du prince qu'il sert. — Et maintenant, monsieur, permettez-moi de vous demander si vous avez désiré cette entrevue, et quel en est le motif. Un esclave africain, que j'ai rencontré sur la promenade publique, et qui prétend se nommer Diogènes, m'a dit que vous désiriez me parler. Il a assez l'air d'un vieux goguenard, et il peut se faire qu'il ne m'ait pas dit la vérité. Si cela est, je lui ferai même grâce de la bastonnade que je dois à son impudence, et je vous ferai en même temps mes excuses de vous avoir dérangé dans votre solitude, que je ne suis nullement disposé à partager.

— Diogènes ne vous a pas trompé. Il aime à plaisanter, comme vous venez de le remarquer; mais il joint à cela quelques qualités qui le mettent de niveau avec ceux dont le teint est plus blanc, et qui ont des traits plus avantageux.

— Et pourquoi l'avez-vous chargé de cette mission? Votre sagesse peut-elle avoir eu le désir de converser avec moi?

— Je suis un observateur de la nature et de l'humanité. N'est-il pas naturel que je sois las de ces êtres qui doivent tout à l'art, et que je désire voir quelque chose qui soit plus fraîchement sorti des mains de la nature?

— Vous ne verrez pas cela en moi. La rigueur de la discipline militaire, — les camps, — le ceinturon,

— l'armure,—forment les sentimens et les membres d'un homme, comme l'écrevisse de mer est formée pour son écaille. Voyez un de nous, et vous nous voyez tous.

— Permettez-moi d'en douter, et de supposer que dans Hereward, fils de Waltheoff, je vois un homme extraordinaire, quoique sa modestie puisse lui laisser ignorer le prix de ses bonnes et rares qualités.

—Fils de Waltheoff! répéta le Varangien avec quelque surprise. Vous connaissez le nom de mon père?

— Ne soyez pas étonné que je sois instruit d'une chose si simple, répondit le philosophe. Il m'en a coûté bien peu de peine pour l'apprendre : cependant je serais charmé de pouvoir espérer que ce peu de peine que j'ai dû prendre pût vous convaincre de mon désir sincère de vous appeler mon ami.

— Il est en effet extraordinaire qu'un homme de votre rang et doué de tant de connaissances se donne la peine de prendre des informations parmi les soldats des cohortes varangiennes sur la famille d'un de leurs compatriotes; et je doute fort que mon commandant, l'Acolouthos lui-même, en eût jamais fait autant.

— De plus grands hommes que lui ne s'en inquiéteraient pas davantage.—Vous connaissez un homme élevé à un haut rang, qui pense que les noms de ses plus fidèles soldats ont moins d'importance que ceux de ses chiens de chasse et de ses faucons : et il s'épargnerait volontiers la peine de les appeler autrement que par un coup de sifflet.

— Je ne puis entendre ce langage, dit le Varangien.

— Je ne voudrais pas vous offenser; je ne voudrais pas même ébranler la bonne opinion que vous pouvez avoir conçue de celui auquel je fais allusion. Cependant je suis surpris qu'un homme doué de vos grandes qualités ne voie pas...

— Trêve à tout ceci, monsieur; vos discours ont quelque chose de trop léger pour un homme de votre âge et de votre caractère. Je suis comme les rochers de mon pays : les vents impétueux ne peuvent m'ébranler; les douces pluies ne peuvent me fondre. Les flatteries et les menaces sont en pure perte avec moi.

Et c'est à cause de cette inflexiblité d'âme, de ce mépris constant pour tout ce qui vous entoure et qui n'est pas dans le cercle de vos devoirs, que je vous demande, presque comme un mendiant, cette amitié que vous me refusez durement.

— Pardon si j'en doute, monsieur. Quelles que soient les histoires que vous ayez pu recueillir sur mon compte, et qui sans doute ne sont pas sans exagération, car les Grecs n'ont pas le privilége exclusif des rodomontades, pour que les Varangiens ne puissent en avoir leur petite part, — vous ne pouvez avoir appris de moi rien qui vous autorise à me parler comme vous le faites, si ce n'est en plaisantant.

— Vous vous méprenez, mon fils, dit Agélastès. Ne me croyez pas homme à me mêler parmi vos camarades dans un cabaret pour les faire jaser sur votre compte. Tel que vous me voyez, je puis frapper cette image brisée d'Anubis, — et en parlant ainsi il toucha du doigt un fragment d'une statue colossale qui était à côté de lui, — et ordonner à l'esprit qui a jadis rendu des oracles, de venir de nouveau animer ette masse tremblante. Nous autres initiés, nous jouissons de grands priviléges. Nous frappons sur ces voûtes en ruines, et l'écho qui les habite répond à nos demandes. Quoique je sollicite ton amitié, ne t'imagine pas que j'aie besoin d'obtenir de ta bouche des informations sur toi ou sur d'autres.

— Vos paroles sont merveilleuses, dit l'Anglo-Saxon; mais j'ai appris que c'est par des paroles semblables que tant d'âmes ont été détournées du chemin qui conduit au ciel. Mon grand-père Kenelm avait coutume de dire que les belles paroles de la philosophie païenne étaient plus funestes à la foi chrétienne que les menaces des tyrans païens.

— Je l'ai connu, reprit Agélastès, — qu'importe si ce fut en corps ou en esprit! il professait la foi de Woden; il fut converti par un noble moine, et mourut prêtre dans un monastère de saint Augustin.

— Tout cela est vrai, dit Hereward; tout cela est certain. Et à présent qu'il est mort, c'est une obligation de plus pour moi de me rappeler ses paroles. Quand je pouvais à peine le comprendre, il m'ordonnait de me méfier de la doctrine qui mène à l'erreur, et qu'enseignent de faux prophètes qui cherchent à la confirmer par de prétendus miracles.

— Ceci est pure superstition, dit le philosophe. Ton aïeul était un digne et excellent homme, mais, comme d'autres prêtres, il avait l'esprit étroit. Trompé par leur exemple, il voulut n'ouvrir qu'un guichet dans la grande porte de la vérité, et ne laisser entrer personne que par cette étroite ouverture. Vois-tu,

Hereward; ton aïeul, et beaucoup d'hommes religieux, voudraient borner notre intelligence à la considération des parties du monde immatériel qui sont essentielles à notre conduite morale en ce monde, et à notre salut dans l'autre; mais il n'en est pas moins vrai que l'homme a la liberté, pourvu qu'il ait de la sagesse et du courage, de se mettre en communication intime avec des êtres plus puissans que lui, qui peuvent défier les bornes de l'espace dans lequel il est circonscrit, et surmonter, par leur pouvoir métaphysique, des difficultés qui semblent impossibles à vaincre à des hommes timides et ignorans.

— Vous parlez d'une folie qui fait bâiller l'enfance et sourire l'âge mûr.

— Au contraire, je parle du désir ardent que chaque homme sent au fond de son cœur d'entrer en communication avec des êtres plus puissans que lui, et qui ne sont pas naturellement accessibles à nos organes. Crois-moi, Hereward, un désir si ardent, si universel, n'existerait pas dans notre sein s'il n'existait aussi des moyens de le satisfaire, à l'aide de la sagesse et de la constance. J'en appellerai à ton propre cœur, et je n'aurai besoin que d'un seul mot pour te prouver que ce je te dis est la vérité. Même en ce moment, tes pensées sont occupées d'un être mort ou absent depuis long-temps, et au seul nom de BERTHE tu sens se précipiter vers ton cœur mille émotions que, dans ton ignorance, tu avais crues desséchés pour toujours, comme les dépouilles des morts sur un tombeau. Je te vois tressaillir et changer de visage. Je suis charmé de reconnaître, à ces signes que la fermeté et le courage indomptable qu'on t'attribue ont laissé les avenues de ton cœur aussi ouvertes que jamais aux affections douces et généreuses, en les fermant à la crainte, à l'hésitation, et à toute cette misérable tourbe de viles sensations. Je t'ai dit que je t'estime, et je suis prêt à te le prouver. Je te dirai, si tu le désires, quel est le destin de cette Berthe, dont le souvenir s'est conservé dans ton cœur, en dépit de toi-même, au milieu des fatigues du jour et du repos de la nuit, sur le champ de bataille et pendant la paix, tandis que tu te délassais avec tes compagnons à des exercices mâles, ou que tu cherchais à faire des progrès dans l'étude des sciences grecques, étude vers laquelle, si tu veux t'y perfectionner, je puis te diriger par un court chemin.

Tandis qu'Agélastès parlait ainsi, l'agitation du Varangien se calmait peu à peu : ce fut pourtant d'une voix tremblante qu'il lui répondit :

— Je ne sais qui tu es, je ne puis dire ce que tu me veux, je ne me fais pas une idée des moyens par lesquels tu as appris des choses qui ont tant d'importance pour moi et si peu pour tout autre. Mais ce que je sais, c'est que, par hasard ou avec intention, tu as prononcé un nom qui agite mon cœur jusque dans ses replis les plus secrets. Cependant je suis chrétien et Varangien, et je ne chancellerai pas dans la foi que je dois à mon Dieu et à mon prince adoptif. Tout ce qui doit être fait par le moyen des idoles et des fausses divinités est un acte de trahison contre le vrai Dieu. Et il n'est pas moins certain que tu as fait briller à mes yeux quelques flèches décochées contre l'empereur lui-même, quoique la fidélité que je lui dois le défendît. Je renonce donc à l'avenir à toute communication avec toi, qu'elle doive m'être funeste ou avantageuse. Je suis soldat à la solde de l'empereur, et quoique je n'observe pas bien strictement le cérémonial qui est prescrit en tant de cas différens et par tant de réglemens divers, cependant je suis son garde-du-corps, et ma hache d'armes est sa défense.

— Personne n'en doute, dit le philosophe; mais n'es-tu pas sous la dépendance plus immédiate du grand Acolouthos, Achillès Tatius?

— Non, répondit le Varangien. Il est mon général, d'après les règles de notre service; il m'a toujours montré de l'affection et de la bonté; et je puis dire que, laissant à part les droits que lui donne son rang, il s'est comporté envers moi en ami plutôt qu'en commandant. Cependant il est, aussi bien que moi, le serviteur de son maître; et je ne regarde pas comme bien considérable la distinction qu'un homme peut créer, ou anéantir d'un mot.

— C'est parler noblement, dit Agélastès, et tu as sûrement le droit de marcher toi-même la tête haute devant un homme auquel tu es supérieur en courage et en connaissances militaires.

— Pardon si je rejette, comme ne m'étant pas dû, le compliment que vous prétendez me faire. L'empereur choisit ses officiers d'après les moyens qu'ils ont de le servir comme il le désire. Il est probable que, sous ce rapport, je ne remplirais pas ses intentions. Je vous ai déjà dit que je dois à mon empereur service, obéissance et fidélité, et il me semble inutile de prolonger cette explication.

— Homme étrange ! s'écria Agélastès, n'y a-t-il onc rien qui puisse t'émouvoir, que des choses qui sont étrangères ? Les noms de ton empereur et de ton commandant n'opèrent pas sur toi comme un charme, et même celui de l'objet que tu as aimé....

Hereward l'interrompit.

— J'ai pensé aux paroles que tu as prononcées, dit-il. Tu as trouvé le moyen de mettre en mouvement les ressorts de mon cœur, mais non d'ébranler mes principes ; je n'aurai plus de conversation avec toi sur ce qui ne peut t'inspirer aucun intérêt. Les nécromanciens, dit-on, opèrent leurs charmes en se servant des épithètes dues au Très-Saint ; il n'est donc pas étonnant qu'ils emploient le nom de ce qu'il y a de plus pur dans la création pour accomplir leurs desseins impies. Je ne veux point de ces arts méprisables, déshonorans pour les morts peut-être autant que pour les vivans. Quels qu'aient été tes projets, vieillard, car ne t'imagine pas que tes discours étranges aient été entendus sans réflexion, sois bien sûr que je porte en mon cœur des principes qui défient également la séduction des hommes et celle des démons.

A ces mots, le Varangien tourna le dos au philosophe, en lui faisant une légère inclination de tête, et sortit des ruines du temple.

Après le départ du soldat, Agélastès resta seul, semblant absorbé dans ses réflexions. Il en fut tiré tout-à-coup par l'arrivée d'Achillès Tatius dans les ruines. Le chef des Varangiens ne parla qu'après avoir pris le temps de consulter les traits du philosophe, pour en tirer quelques conclusions. — Sage Agélastès, dit-il alors, tu persistes avec confiance dans le projet dont nous nous sommes entretenus récemment?

—J'y persiste, répond Agélastès d'un ton grave et ferme.

— Mais tu n'as pas gagné à notre parti ce prosélyte dont le courage calme nous servirait mieux, au moment du besoin, qu'un millier de tièdes esclaves?

— Je n'ai pas réussi.

— Et tu ne rougis pas de l'avouer! Toi, le plus sage de ceux qui ont encore des prétentions à la sagesse des Grecs; toi, le plus puissant de ceux qui, par leur science en paroles, en signes, en noms, en périaptes et en charmes, prétendent encore s'élever au-dessus de la sphère à laquelle tes facultés appartiennent, tu as échoué dans tes moyens de persuasion comme un enfant qui a le dessous dans une discussion avec son précepteur! Fi! ne peux-tu soutenir par tes argumens le caractère que tu désires tant t'attribuer?

— Paix! dit le philosophe. Il est vrai, Achillès Tatius, que je n'ai encore rien gagné sur cet homme obstiné et inflexible; mais tout n'est pas perdu. Nous sommes tous deux dans la situation où nos étions hier; et j'ai éveillé en lui un sujet d'intérêt qu'il ne pourra bannir de son esprit, et qui le portera à avoir recours à moi pour obtenir de nouvelles informations à cet égard. — Et maintenant, qu'il ne soit plus question de cet être singulier d'ici à quelque temps; mais fiez-vous à moi : si la flatterie, la cupidité, l'ambition ne peuvent rien sur lui, il reste un autre appât qui l'attirera dans notre parti aussi complétement qu'aucun de ceux qui sont engagés dans notre pacte mystique et inviolable. Dites-moi donc à présent comment vont les affaires de l'empire. Ce flux de soldats latins, qui a pris un cours si étrange, continue-t-il à se précipiter sur les rives du Bosphore ? Alexis nourrit-il encore l'espérance de diminuer le nombre et de diviser les forces de ces guerriers qu'il se flatterait en vain de braver?

— Il n'y a que peu d'heures qu'on a obtenu de nouveaux renseignemens, répondit Achillès Tatius. Bohémond est venu à Constantinople avec sept ou huit chevaliers, et dans une sorte d'*incognito*. Ayant été si souvent l'ennemi de l'empereur, ce projet était hasardeux. Mais ces Francs reculent-ils jamais devant le danger ? L'empereur devina sur-le-champ que le comte était venu pour voir ce qu'il pourrait obtenir en se présentant le premier à sa libéralité, et en offrant d'agir comme médiateur à l'égard de Godefroy de Bouillon et des autres princes de la croisade.

— C'est un genre de service qui ne sera nullement repoussé par l'empereur.

— Le comte Bohémond parut devant la cour impériale, et il reçut le plus brillant accueil avec des marques de faveur telles que personne n'avait jamais cru qu'on dût en accorder à un Franc. Il ne fut plus question de la longue rivalité et des anciennes guerres. On ne vit pas en Bohémond l'usurpateur d'Antioche et d'autres parties de l'empire. Au contraire, on rendit de toutes parts des actions de grâces au ciel, qui avait envoyé un fidèle allié à l'aide de l'empereur dans un moment de danger si imminent.

— Et que dit Bohémond?

— Peu de choses ou rien jusqu'à ce qu'on lui eût fait présent d'une somme d'or considérable, comme je l'ai appris de Narsès, esclave du palais. On consentit ensuite à lui céder plusieurs districts, et on lui accorda d'autres avantages, à condition qu'il se montrerait en cette occasion ami constant de l'empire et de l'empereur. Telle fut la munificence d'Alexis envers ce Barbare avide, qu'on lui montra, comme par hasard, une chambre du palais remplie de soieries, d'ouvrages de joaillerie en or et en argent, et d'autres objets de grande valeur. Enflammé de cupidité, le Franc ne put retenir quelques expressions d'admiration. On lui dit alors que les trésors contenus dans cette chambre étaient à lui, pourvu qu'il les regardât comme dss preuves de la sincérité et de la vivacité de l'affection de Sa Majesté impériale pour ses alliés; et en conséquence tous ces objets précieux furent envoyés dans la tente du chef normand. Par de telles mesures l'empereur doit avoir Bohémond, corps et âme, à sa disposition; car les Francs eux-mêmes disent qu'il est étrange de voir un homme d'une bravoure si indomptable, d'une ambition si effrénée, dominé à un tel point par la cupidité, qu'ils regardent comme un vice bas et contre nature.

— Bohémond, dit Agélastès, est donc à l'empereur à la vie et à la mort; — c'est-à-dire jusqu'à ce que le souvenir de la générosité impériale soit effacé par une munificence supérieure. Alexis, fier d'avoir su s'attacher ce chef important, se flattera sans doute d'obtenir, par son entremise et par ses conseils, de la plupart des autres croisés et de Godefroy de Bouillon lui-même, un serment de soumission et de fidélité à l'empereur; serment auquel, sans la nature sacrée de leur entreprise, le dernier de leurs chefs refuserait

de se soumettre, quand on leur offrirait une province.
— Attendons ; quelques jours détermineront ce que nous avons à faire. Nous montrer plus tôt, ce serait courir à notre perte.

— Nous ne nous verrons donc pas ce soir? dit l'Acolouthos.

— Non, répondit le sage, à moins que nous ne soyons avertis de nous rendre à cette insipide représentation théâtrale, ou lecture ; et, en ce cas, nous serons autant de jouets entre les mains d'une sotte femme, enfant gâté d'un père imbécile.

Tatius prit alors congé du philosophe ; et comme s'ils eussent craint d'être vus ensemble, ils quittèrent le lieu solitaire de leur rendez-vous par des chemins différens. Bientôt après, le Varangien Hereward reçut ordre de se rendre près de son officier supérieur, qui l'informa qu'il n'aurait pas besoin de ses services la nuit suivante, comme il l'en avait prévenu.

Achillès se tut un instant, et ajouta ensuite : — Tu as sur les lèvres quelque chose que tu voudrais me dire et qui hésite à sortir de ta bouche ?

— C'est seulement, répondit le Varangien, que j'ai eu une entrevue avec cet homme nommé Agélastès ; et il semble si différent de ce qu'il me paraissait quand nous avons parlé de lui, que je ne puis m'empêcher de vous faire part de ce que j'ai vu. Ce n'est pas un mauvais plaisant dont le but est de faire rire ses dépens ou à ceux des autres. C'est un homme 'un jugement profond, d'un esprit pénétrant, et qui our une raison ou pour une autre, cherche à s'attacher des amis et à se faire un parti. Votre sagesse vous apprendra à vous méfier de lui.

— Tu es un brave et digne homme, répondit Achillès, avec une affectation de bonté méprisante. Les hommes tels qu'Agélastès font souvent leurs railleries les plus piquantes avec un extérieur de gravité imperturbable. — Ils prétendront posséder un pouvoir sans bornes sur les élémens; ils auront soin de recueillir des anecdotes et des noms bien connus de celui aux dépens de qui ils veulent s'amuser; et quiconque les écoutera, ne fera que s'exposer, comme dit le divin Homère, aux flots d'un rire inextinguible. Je l'ai vu souvent choisir un des hommes les plus novices et les plus ignorans qui étaient en sa compagnie, et, pour l'amusement du reste de la société, prétendre faire paraître devant lui des personnes absentes et bien éloignées, et évoquer même les morts du sein du tombeau. Prends garde, Hereward, que ses artifices ne fassent tort à la réputation d'un de mes plus braves Varangiens.

— Il n'y a nul danger, répondit Hereward. Je n'ai aucune envie de me trouver souvent avec cet homme. S'il s'avise de plaisanter sur un sujet dont il m'a parlé, il n'est que trop probable que je lui apprendrai, d'une manière un peu rude, à conserver sa gravité. Et si c'est sérieusement qu'il prétend avoir des connaissances mystiques, mon grand-père Kenelm m'a appris à croire que c'est outrager les morts que de laisser profaner leurs noms par la bouche d'un devin ou d'un enchanteur impie. Je ne m'approcherai donc plus de cet Agélastès, qu'il soit sorcier ou imposteur.

— Tu ne me comprends pas, dit vivement l'Acolouthos. Tu te méprends sur ce que je veux dire. S'il lui plaît de converser avec toi, c'est un homme de qui tu peux tirer de grandes connaissances, en te mettant toujours en garde contre ces prétendus arts mystiques, dont il ne se servira que pour s'amuser à tes dépens.

A ces mots, qu'il aurait pu lui-même trouver difficile de concilier ensemble, Achillès Tatius quitta le Varangien.

CHAPITRE IX.

*Du torrent indompté dans la gorge écumante
L'habile artiste élève un mont audacieux,
A l'aide de niveaux subdivisant la pente,
Il dérobe les eaux à leur lit rocailleux.
Diminuant leur force, il la rend moins à craindre
Ouvre au reste un chemin, qu'il lui faut adopter,
Chemin facile à suivre, et pénible à quitter,
Qui conduit vers le but qu'il désirait atteindre.*
       L'Ingénieur.

EN avouant ouvertement ses soupçons, ou en ne calculant pas avec adresse la manière dont il devait recevoir les nations européennes qui faisaient cette invasion tumultueuse dans ses états, Alexis pouvait aisément réveiller dans l'âme des croisés le ressentiment mal assoupi que leur avaient inspiré de nombreux griefs. Il en eût été de même s'il eût entièrement renoncé à toute idée de résistance, et qu'il eût cru ne pouvoir espérer de salut qu'en accordant à cette foule venue de l'Occident tout ce que convoiterait son ambition. L'empereur se tint dans un juste milieu; et, sans contredit, dans l'état de faiblesse de l'empire grec, c'était le seul parti qui pût en même temps garantir sa sûreté, et lui donner une grande importance aux yeux des Francs qui envahissaient ses états, et à ceux de ses propres sujets; malheureusement, dans les mesures qu'il adopta, il montra souvent, par politique plutôt que par inclination, de la bassesse et de la fausseté, imitant en cela l'astuce du serpent, qui, replié sur lui-même, se cache dans l'herbe, pour attaquer insidieusement ceux qu'il craint d'aborder hardiment. Mais nous n'écrivons pas l'histoire des croisades, et ce que nous avons dit des précautions que prit l'empereur, à la première apparition de Godefroy de Bouillon et de ses compagnons d'armes, peut suffire pour répandre la clarté nécessaire sur notre récit.

Environ quatre semaines s'étaient écoulées, et elles avaient été marquées tour à tour par des querelles et par des réconciliations entre les croisés et les Grecs. Les croisés, d'après les mesures suggérées par la politique d'Alexis, étaient quelquefois reçus individuellement avec les plus grands honneurs; on les comblait de marques de faveur et de démonstrations de respect; mais, de temps en temps, ceux de leurs détachemens qui, encore éloignés de la capitale, cherchaient à y arriver par des routes détournées, étaient interceptés et taillés en pièces par des troupes légères, que leurs adversaires ignorans prenaient aisément pour des Turcs, des Scythes, ou d'autres barbares, et qui quelquefois l'étaient réellement, mais à la solde de l'empereur grec. Souvent aussi il arrivait que, tandis que l'empereur et ses ministres faisaient servir aux chefs les plus puissans des croisés les festins les plus somptueux, et apaisaient leur soif avec des vins rafraîchis dans la glace, on avait soin de fournir à leurs soldats, restés à quelque distance, de la farine mêlée de substances malfaisantes, des provisions gâtées et de mauvaise eau. Il en résulta des maladies qui en enlevèrent un grand nombre avant qu'ils eussent mis le pied dans la Terre-Sainte, dont ils rêvaient la conquête, et qui leur avait fait abandonner leur pays natal, et la vie douce et tranquille qu'ils y menaient. Ces actes d'agression n'eurent pas lieu sans exciter des plaintes. Un grand nombre de chefs des croisés accusèrent leurs alliés de leur manquer de fidélité, et imputèrent les pertes que faisaient leurs armées aux maux que leur infligeaient volontairement les Grecs, de sorte qu'en plus d'une occasion les deux nations se trouvèrent animées l'une contre l'autre de sentimens opposés qui semblaient rendre inévitable une guerre générale.

Cependant Alexis, quoique obligé d'avoir recours à des ruses et à des subterfuges de tout genre, sut garder sa position, et il parvint à se réconcilier avec les chefs les plus puissans des croisés, en repoussant adroitement les reproches qui lui étaient adressés. Les pertes que le glaive faisait essuyer à leurs troupes, il les attribuait à leur propre négligence; s'ils étaient conduits par des guides infidèles, cet accident était l'effet du hasard et de leur opiniâtreté : et si la mauvaise qualité des vivres leur causait des maladies, il en accusait leur goût pour les fruits verts et pour le vin nouveau. En un mot, nul désastre, de quelque genre que ce fût, ne pouvait arriver à ces malheureux pèlerins, que l'empereur ne fût prêt à prouver que c'était la conséquence naturelle de leur caractère ardent, de leur conduite obstinée, ou de leur précipitation hostile.

Les chefs des croisés, qui connaissaient leur force, n'auraient probablement pas souffert impunément les insultes d'une puissance si inférieure à la leur, s'ils ne se fussent fait une idée exagérée des richesses de l'empire d'Orient, richesses qu'Alexis semblait disposé à partager avec eux avec une munificence qui n'était pas moins agréable pour les chefs que les riches productions de l'Orient n'étaient attrayantes pour leurs soldats.

Les chevaliers français auraient peut-être été ceux qu'il eût été le plus difficile de contenir, lorsqu'il s'éleva des altercations; mais un accident imprévu, que l'empereur aurait pu nommer un coup de la Providence, livra entre ses mains le fier comte de Vermandois, qui, s'attendant à n'avoir que des ordres à donner, se vit réduit à l'humble rôle de suppliant. Le comte venait de mettre à la voile des côtes de l'Italie, lorsque sa flotte fut surprise par une violente tempête, et poussée par le vent sur les côtes de la Grèce. Il perdit un grand nombre de ses vaisseaux, et les troupes avec lesquelles il parvint à gagner la terre étaient dans un tel dénuement, qu'elles furent obligées de se rendre aux lieutenans d'Alexis. Le comte de Vermandois, si hautain à l'instant de son embarquement, fut donc envoyé à la cour de Constantinople, non en prince, mais en prisonnier. L'empereur lui rendit sur-le-champ la liberté, ainsi qu'à ses soldats, et les combla tous de présens.

Sensible aux attentions qu'Alexis lui prodiguait sans relâche, le comte Hugues, par gratitude, aussi bien que par intérêt, se sentit disposé à partager l'opinion de ceux qui, pour d'autres raisons, désiraient le maintien de la paix entre les croisés et l'empire grec. Un principe plus louable détermina Godefroy de Bouillon, Raymond de Toulouse et quelques autres, en qui la dévotion était quelque chose de plus qu'un simple élan de fanatisme. Ces princes songèrent au scandale qu'ils donneraient, et dont la honte rejaillirait sur toute leur entreprise, si le premier de leurs exploits était une guerre contre l'empire d'Orient, qu'on pouvait justement appeler la barrière de la chrétienté. Si cet empire était faible et riche tout à la fois, s'il invitait à la rapine en même temps qu'il était incapable de s'en préserver, il n'en était que plus encore de leur intérêt et de leur devoir, comme soldats et comme chrétiens, de protéger un état qui professait la même foi, et dont l'existence était si importante pour la cause commune, même quoiqu'il fût hors d'état de pourvoir à sa défense. Le désir de ces hommes francs et ouverts était donc de répondre par un dévouement sincère aux protestations d'amitié de l'empereur, et de payer assez cher sa bienveillance pour le convaincre qu'ils n'avaient que des projets justes et honorables, et qu'il était de son intérêt de s'abstenir de tout traitement injurieux qui pourrait les engager ou les forcer à changer de conduite à son égard.

Ce fut dans cet esprit de conciliation, esprit qui, quoique par des motifs différens, animait la plupart des chefs des croisés, que ceux-ci consentirent à une mesure qu'en toute autre occasion ils auraient probablement rejetée; d'abord, parce que les Grecs n'avaient aucun droit de l'exiger, ensuite parce qu'elle était déshonorante pour eux-mêmes. C'était la fa-

19.

meuse résolution portant qu'avant de traverser le Bosphore pour aller chercher cette Palestine, qu'ils avaient fait vœu de reconquérir, chaque chef de croisés reconnaîtra individuellement comme seigneur suzerain l'empereur grec, qui était originairement maître de ces contrées.

L'empereur Alexis fut transporté de joie en voyant les croisés arriver d'eux-mêmes au but auquel il désirait les amener. Leur intérêt les y poussa sans doute plus que tous les raisonnemens, quoiqu'on pût alléguer bien des motifs pour que des provinces reconquises sur les Turcs ou les Sarrasins fussent réunies à l'empire grec, dont elles avaient été démembrées sans autre prétexte que la violence.

Bien qu'il eût peu d'espoir de parvenir à gouverner des soldats grossiers et peu d'accord entre eux, et des chefs hautains qui étaient entièrement indépendans les uns des autres, Alexis ne manqua pas de profiter, avec autant d'empressement que d'adresse, de la déclaration faite par Godefroy et ses compagnons que l'empereur grec avait droit à l'allégeance de tous ceux qui porteraient la guerre en Palestine, et qu'il était seigneur suzerain naturel de toutes les provinces qui seraient conquises pendant le cours de cette expédition. Il résolut de rendre cette cérémonie tellement publique, et d'y déployer tant de pompe et de magnificence, qu'elle ne pût manquer de faire une vive et durable impression sur les esprits.

Ce fut une des grandes terrasses qui s'étendent le long de la côte de la Propontide qui fut choisie pour la scène de cette superbe cérémonie. On y éleva un trône magnifique, destiné à la personne de l'empereur. En cette occasion les Grecs, en ne plaçant aucun autre siége dans l'enceinte, s'efforcèrent d'assurer l'exécution du point d'étiquette auquel leur vanité attachait une importance particulière ; c'était que personne ne fût assis que l'empereur. Autour du trône d'Alexis Comnène étaient rangés en ordre, mais debout, les divers dignitaires de sa cour brillante, chacun suivant leur rang, depuis le Protosébaste et le César, jusqu'au Patriarche et à Agélastès, qui, revêtu de son costume simple, assistait aussi à cette cérémonie. Derrière l'empereur, et autour de sa cour brillante, étaient plusieurs lignes des Anglo-Saxons expatriés. Ils avaient demandé, en ce jour mémorable, à ne pas porter leurs cuirasses d'argent, et ils étaient couverts de cottes de maille et de plaques d'acier. Ils désiraient, avaient-ils dit, se faire connaître à des guerriers, comme étant des guerriers eux-mêmes. On leur avait accordé cette demande d'autant plus volontiers, qu'on ne pouvait être certain que quelque incident futile ne vînt pas troubler l'harmonie entre des esprits aussi inflammables que ceux qui étaient alors assemblés.

Derrière les Varangiens, et en beaucoup plus grand nombre, étaient rangées les cohortes grecques ou romaines, nommées les Immortels, titre que les Romains avaient originairement emprunté de l'empire de Perse. La taille imposante, les cimiers élevés et le riche costume de ces gardes, auraient donné aux princes étrangers qui étaient présens une plus haute idée de leur courage, si l'on n'avait remarqué qu'ils étaient toujours prêts à quitter leurs rangs et à causer entre eux, ce qui faisait un contraste frappant avec l'attitude ferme et immobile et le silence imperturbable des Varangiens bien disciplinés, qui semblaient être autant de statues de fer.

Que le lecteur se représente donc ce trône élevé avec toute la pompe de la grandeur orientale, entouré des troupes étrangères et nationales de l'empire, et derrière lequel se mouvaient des flots de cavalerie légère qui changeaient de place continuellement, de manière à donner l'idée d'une multitude considérable, sans laisser le moyen d'en évaluer exactement le nombre. A travers la poussière que soulevaient leurs évolutions, on voyait des bannières et des étendards, parmi lesquels on pouvait distinguer par intervalles le célèbre LABARUM, gage de victoire pour les armées impériales, quoique, depuis un certain temps, il eût perdu quelque chose de son efficacité première. Les soldats grossiers de l'Occident, qui voyaient l'armée grecque, prétendaient que les étendards déployés sur le front de leurs rangs auraient suffi pour dix fois autant de soldats.

Dans le lointain, sur la droite, la vue d'un corps nombreux de cavalerie européenne, rangé sur le bord de la mer, indiquait la présence des croisés. Tel était le désir de suivre l'exemple des principaux princes, ducs et comtes, en prêtant le serment de foi et hommage, que le nombre des chevaliers et des nobles indépendans qui se réunirent pour accomplir ce cérémonial fut très-considérable. Tout croisé qui possédait une tour, et qui avait six lances à sa suite, aurait regardé comme un outrage de n'être pas appelé à reconnaître la suzeraineté de l'empereur grec, et à tenir de sa couronne les terres dont il ferait la conquête, aussi bien que Godefroy de Bouillon ou Hugues-le-Grand, comte de Vermandois. Et cependant, par une étrange inconséquence, quoiqu'ils fussent empressés de rendre à Alexis un hommage que lui rendaient des princes plus puissans qu'eux, ils semblaient en même temps désirer de trouver quelque moyen de faire sentir qu'ils regardaient cette prestation d'hommage comme dérisoire, et que toute cette cérémonie n'était à leurs yeux qu'une vaine parade.

L'ordre du cortége avait été réglé ainsi qu'il suit : Les croisés, ou, comme les Grecs les appelaient, les *comtes* (ce titre de dignité étant le plus commun parmi eux), devaient s'avancer de la gauche de leur corps, passer devant l'empereur l'un après l'autre, et répéter chacun à leur tour la formule d'hommage qui avait été préalablement convenue. Godefroy de Bouillon, son frère Baudoin, Bohémond d'Antioche et divers autres croisés de distinction, furent les premiers à accomplir ce cérémonial. Descendant de cheval aussitôt après, ils restèrent près du trône de l'empereur, pour que le respect inspiré par leur présence empêchât qu'aucun de leurs nombreux compagnons ne commît quelque acte d'insolence ou de dérision pendant cette solennité. D'autres croisés de moindre importance restèrent aussi près de l'empereur, après avoir passé devant lui, soit par curiosité, soit pour prouver qu'ils avaient le droit d'agir ainsi aussi bien que les chefs d'un rang plus élevé qui s'en étaient arrogé le privilége.

Ainsi deux grands corps de troupes grecques et européennes étaient à quelque distance l'un de l'autre sur les bords du Bosphore, différant complétement par leur langage, leurs armes et leur extérieur. Les détachemens de cavalerie qui, de temps en temps, sortaient de ces corps, ressemblaient à ces éclairs que deux nuages chargés de tonnerre se lancent réciproquement, se communiquant ainsi, par le moyen de ces émissaires, les élémens de foudre dont ils sont chargés. Après une halte sur les bords du Bosphore, ceux des Francs qui avaient rendu hommage s'avancèrent, sans garder beaucoup d'ordre, vers un quai sur le rivage, où d'innombrables galères et de plus petits navires avaient été rassemblés pour transporter les pèlerins belliqueux de l'autre côté du détroit, et les déposer dans cette Asie, où ils désiraient si vivement d'arriver, et d'où il était probable qu'un si petit nombre d'entre eux reviendrait. L'élégance des bâtimens qui devaient les recevoir sur leurs bords, la promptitude avec laquelle on leur servit des rafraîchissemens, le peu de largeur du détroit qu'ils avaient à traverser, la perspective prochaine de ce service actif dont ils avaient fait vœu de s'acquitter, vœu qu'ils désiraient ardemment de remplir, tout contribua à inspirer de la gaieté à ces guerriers, et les chants et le son des instrumens de musique se mariaient au bruit des rames qui annonçaient le départ.

Cependant, de son côté, l'empereur grec, assis sur son trône, faisait de son mieux pour donner à cette multitude armée la plus haute idée de sa propre grandeur, et de l'importance de la cérémonie qui les avait rassemblés. Les principaux chefs se prêtèrent sans répugnance aux désirs d'Alexis, les uns parce que leur vanité avait été flattée, les autres parce que leur cupidité avait été satisfaite, plusieurs parce qu'on avait enflammé leur ambition ; enfin, quelques-uns, et c'était le petit nombre, parce que l'amitié d'Alexis était le moyen le plus probable de réussir dans leur entreprise. En conséquence les principaux chefs, d'après ces divers motifs, montrèrent une humilité qui était peut-être bien loin de leur cœur, et s'abstinrent avec soin de tout ce qui, dans cette fête solennelle, aurait pu blesser les Grecs. Mais il s'en trouva d'autres qui eurent moins de patience.

Parmi le grand nombre de comtes, de seigneurs et de chevaliers, sous les diverses bannières desquels les croisés étaient venus à Constantinople, il y en avait beaucoup dont l'influence était trop secondaire pour qu'on eût cru devoir prendre les moyens d'adoucir la répugnance que cette cérémonie avilissante inspirait à tous ; et quoiqu'ils jugeassent dangereux de s'y refuser, ils se permirent tant de risées et de sarcasmes, et violèrent si ouvertement toutes les bienséances, qu'il était clair que la démarche qu'ils faisaient ne leur inspirait que du ressentiment et du mépris. C'était, suivant eux, se déclarer les vassaux d'un prince hérétique, dont la puissance si vantée était resserrée dans des bornes étroites, qui était leur ennemi quand il l'osait, qui n'était l'ami que de ceux d'entre eux qui étaient assez puissans pour l'y contraindre, et qui, quoique allié complaisant de ceux-ci, n'était pour les autres, quand l'occasion s'en présentait, qu'un ennemi perfide et dangereux.

Ceux des nobles qui étaient Francs d'origine et de naissance se faisaient principalement remarquer par leur dédain présomptueux pour toutes les autres nations qui avaient pris part à la croisade, aussi bien que par leur bravoure indomptable, et par le mépris qu'ils avaient conçu pour la puissance et l'autorité de l'empire grec. Il était passé en proverbe parmi eux que, si le ciel tombait, les croisés français seuls seraient en état de le soutenir sur leurs lances. Le même caractère de hardiesse et d'arrogance se manifestait dans les querelles qu'ils avaient de temps en temps avec ceux qui étaient involontairement leurs hôtes; querelles dans lesquelles les Grecs, en dépit de leurs artifices, avaient souvent le dessous. Alexis était donc déterminé à se débarrasser à tout prix de ces alliés impétueux et intraitables, en les faisant passer, le plus promptement possible, de l'autre côté du Bosphore; et il profita de la présence du comte de Vermandois, de Godefroy de Bouillon et d'autres chefs influens, pour maintenir l'ordre parmi les chevaliers Francs d'ordre inférieur, qui étaient aussi indociles que nombreux.

Luttant contre un sentiment intérieur d'orgueil offensé, mais retenu par une sage prudence, l'empereur s'efforça de recevoir d'un air satisfait un hommage qui ne lui était rendu qu'avec une sorte de moquerie. Un incident qui ne tarda pas à se présenter servit à faire vivement ressortir la différence de caractère et de sentimens des deux nations qui se trouvaient en contact d'une manière si extraordinaire. Plusieurs troupes de Français avaient passé successivement devant le trône de l'empereur, et avaient accompli la cérémonie ordinaire de prestation d'hommage avec quelque apparence de gravité. Agenouillés devant Alexis, ils avaient placé leurs mains dans les siennes, et s'étaient ainsi acquittés du cérémonial convenu. Mais quand vint le tour de Bohémond d'Antioche, dont nous avons déjà parlé, l'empereur voulant témoigner des égards particuliers à ce prince astucieux, son ancien ennemi et maintenant son ami apparent, avança de quelques pas en le reconduisant vers la mer, du côté où les bâtimens semblaient attendre les croisés.

La distance que parcourut l'empereur était fort peu considérable, et l'on regarda ce mouvement comme une marque de déférence qu'il voulait donner à Bohémond ; mais il s'exposa par là à un affront sanglant, que ses gardes et ses sujets ressentirent d'autant plus profondément qu'ils le regardèrent comme une insulte humiliante faite avec intention. Une dizaine de cavaliers, formant la suite d'un comte français qui devait rendre hommage après Bohémond, et ayant leur seigneur à la tête, partirent au grand galop du flanc droit des escadrons français, et s'arrêtèrent devant le trône, qui n'était pas occupé en ce moment. Le chef de cette petite troupe était un homme d'une taille colossale, ayant de très-beaux traits, quoique des cheveux noirs et épais donnassent à sa physionomie un air grave et décidé. Il avait sur sa tête une barrette ; ses pieds, ses mains et tous ses membres étaient couverts de peau de chamois, et il portait ordinairement l'armure pesante et complète de son pays : mais il l'avait quittée en cette occasion pour être plus à l'aise, quoique ce fût manquer complétement au cérémonial qui était observé dans une circonstance si importante. Il n'attendit pas le retour de l'empereur, et, sans s'inquiéter s'il blessait le décorum en obligeant Alexis de doubler le pas pour venir reprendre sa place, il sauta à bas de son coursier gigantesque, et en lâcha les rênes que prit sur-le-champ un des pages qui le suivaient. Sans hésiter un instant, le comte français s'assit sur le trône vacant de l'empereur, et appuyant son corps robuste sur les riches coussins destinés à Alexis, il se mit à caresser indolemment un grand chien-loup qui l'avait suivi, et qui, se mettant aussi à l'aise que son maître, se coucha sur les tapis de soie et de damas brodés en or qui étaient étendus au pied de l'estrade. Le chien s'y étala d'un air d'insolence et de férocité, comme s'il voulait faire entendre qu'il ne respectait personne au monde que son maître.

L'empereur revenant de la courte excursion qu'il avait faite pour accompagner Bohémond, et pour lui donner une marque spéciale de faveur, vit avec surprise son trône occupé par cet audacieux Français. Les cohortes des Varangiens à demi sauvages, qui étaient rangées par derrière en demi-cercle, n'auraient pas hésité un instant à punir cette insulte, en renversant du trône de leur maître celui qui l'avait si insolemment usurpé, s'ils n'eussent été retenus par Achillès Tatius et d'autres officiers, qui ne savaient pas quel parti l'empereur voudrait prendre, et qui n'osaient se permettre d'avoir un avis sur un point aussi délicat.

Cependant le chevalier peu cérémonieux prit la parole tout haut, et quoiqu'il s'exprimât avec un accent provincial, son discours put être compris par tous ceux qui savaient la langue française ; et ceux mêmes qui ne la connaissaient pas purent l'interpréter d'après le ton dont il était prononcé et les gestes qui l'accompagnaient. — Quel est le rustre, s'écria-t-il, qui est resté tranquillement assis comme un bloc de bois ou un fragment de rocher, tandis que tant de nobles chevaliers, la fleur de la chevalerie, le modèle de la bravoure, restent découverts et debout, au milieu des Varangiens trois fois vaincus?

Une voix forte et sonore, qui semblait sortir des entrailles de la terre, et dont on aurait dit que les accens étaient ceux de quelque être appartenant à l'autre monde, lui répondit : — Si les Normands désirent combattre les Varangiens, ils peuvent les rencontrer dans la lice, homme contre homme, sans se permettre la pauvre rodomontade d'insulter l'empereur de la Grèce, qui, comme on sait, ne se bat que par les haches d'armes de ses gardes.

L'étonnement fut si grand quand on entendit cette réponse, qu'il se communiqua même au chevalier qui l'avait occasionée par sa conduite outrageante à l'égard de l'empereur; et au milieu des efforts d'Achillès Tatius pour contenir ses soldats dans les bornes de la subordination et du silence, les murmures qui se faisaient entendre assez haut dans leur rang semblaient annoncer qu'il n'y réussirait pas long-temps. Bohémond fendit la presse avec une rapidité qui ne convenait pas aussi bien à la dignité d'Alexis, et prenant le croisé par le bras, il employa tout à la fois la force et la douceur pour l'obliger à quitter le trône de l'empereur, sur lequel il s'était assis si audacieusement.

— Quoi! noble comte de Paris! s'écria Bohémond, y a-t-il quelqu'un dans cette grande assemblée qui puisse souffrir patiemment que votre nom, illustré en tant d'occasions par votre valeur, se trouve compromis dans une sotte querelle avec des soldats soudoyés, dont tout le mérite est de porter une hache mercenaire dans les rangs des gardes de l'empereur ? Fi donc ! fi, ne déshonorez pas la chevalerie normande en agissant ainsi.

— Je ne sais trop, répondit le croisé en se levant à contre-cœur ; je ne suis pas très-scrupuleux sur les degrés de noblesse de mon adversaire, pourvu qu'il se comporte dans le combat en homme brave et déterminé. Je vous dis que je ne suis pas difficile, comte Bohémond. Turc, Tartare ou Anglo-Saxon errant, qui n'a échappé aux chaînes des Normands que pour devenir esclave des Grecs, est également bienvenu à aiguiser sa lame sur mon armure s'il désire se charger de cet emploi honorable.

Alexis avait entendu tout ce qui s'était passé, et il l'avait entendu avec un mélange d'indignation et de crainte ; car il s'imaginait que tous ses plans politiques allaient être renversés tout à coup par suite d'un complot prémédité pour lui faire un affront direct, et probablement pour attaquer sa personne. Il était sur le point d'appeler ses soldats aux armes, quand, en jetant les yeux sur le flanc droit des croisés, il vit que tout y était tranquille depuis le départ du comte français. Il résolut donc sur-le-champ de fermer les yeux sur cette insulte, puisque aucune troupe n'indiquait en avançant qu'il y eût un projet formé d'attaque.

Ayant pris, avec la rapidité de la pensée, sa résolution sur ce qu'il devait faire, il retourna sous son dais, et resta debout devant son trône, ne se souciant pas de l'occuper sur-le-champ, de peur de faire naître de nouveau dans l'esprit de cet insolent étranger la fantaisie de lui en disputer la possession.

— Quel est ce hardi vavasseur (1), demanda-t-il au comte Baudouin, qu'il paraît, à son air de dignité, que j'aurais dû recevoir assis sur mon trône, et qui juge à propos de faire valoir ainsi son rang?

— Il passe pour un des hommes les plus braves de notre armée, répondit Baudouin, quoique les braves y soient aussi nombreux que les grains de sable sur le bord de la mer. Il vous apprendra lui-même son nom et son rang.

Alexis jeta un coup d'œil sur le comte français. Dans ses traits nobles et fiers, animés d'une teinte d'enthousiasme qui étincelait dans ses yeux pleins de vivacité, il ne remarqua rien qui indiquât une insulte préméditée; et il fut porté à supposer que ce qui venait de se passer, quoique contraire à toutes les formes et à tous les usages de la cour grecque, n'était ni un affront fait avec intention, ni une ruse concertée pour amener une querelle. Il parla donc à cet étranger avec une sorte d'aisance : — Nous ne savons, dit-il, quel titre de dignité nous devons vous donner, mais nous avons appris du comte Baudouin que nous sommes honoré de la présence d'un des plus braves chevaliers que le sentiment des outrages soufferts par la Terre-Sainte a amenés jusqu'ici pour passer en Palestine, afin de la tirer d'esclavage.

— Si c'est mon nom que vous me demandez, répondit le chevalier européen, il n'y a pas un de ces pélerins qui ne puisse aisément vous satisfaire, et de

(1) Vassal qui a lui-même des vassaux. (*Note du traducteur.*)

meilleure grâce que je ne pourrais le faire moi-même ; car nous avons coutume de dire dans notre pays qu'un nom prononcé mal à propos a empêché de vider bien des querelles ; attendu que des hommes qui auraient combattu avec la crainte de Dieu devant les yeux se reconnaissent, quand leurs noms sont prononcés, comme étant unis par les liens d'une parenté spirituelle, comme parrains, filleuls, compères, ou par quelque autre nœud également indissoluble ; au lieu que, s'ils s'étaient d'abord battus, et qu'ils se fussent dit leurs noms ensuite, ils auraient pu avoir quelque assurance de leur valeur réciproque, et regarder le lien qui les unit comme un honneur pour l'un et pour l'autre.

— Cependant, dit l'empereur, il me semble que j'aimerais à savoir si vous, qui semblez réclamer un droit de préséance au milieu de ce nombre extraordinaire de chevaliers, vous portez le titre de roi ou de prince.

— Comment dites-vous cela ? demanda le Français le front couvert d'un nuage ? trouvez-vous que je vous aie provoqué en avançant vers vos escadrons ?

Alexis se hâta de répondre qu'il n'avait aucune envie d'accuser le comte de lui avoir fait un affront ou une offense, et ajouta que, dans la situation critique de l'empire, ce n'était pas, pour celui qui tenait le gouvernail de l'état, le moment de s'engager dans des querelles frivoles ou inutiles.

Le chevalier français l'écouta, et lui répondit d'un ton sec : — Si tels sont vos sentimens, je suis surpris que vous ayez résidé assez long-temps dans un pays où vous avez entendu la langue française pour la parler comme vous le faites. Puisque vous n'êtes ni moine ni femme, j'aurais pensé que quelques-uns des sentimens de chevalerie de cette nation se seraient inculqués dans votre cœur, comme les mots de sa langue dans votre mémoire.

— Silence, sire comte! dit Bohémond, qui était resté près de l'empereur pour détourner la querelle dont on était menacé. Vous devez répondre à l'empereur avec civilité; et ceux qui sont impatiens de se battre trouveront assez d'Infidèles pour se satisfaire. Il ne vous a demandé que votre nom et votre lignage, et vous avez moins de raisons que personne pour en faire un mystère.

— Je ne sais quel intérêt y pourra prendre ce prince ou cet empereur, comme vous l'appelez; mais tout le compte que je puis rendre de moi-même, le voici : — Au milieu d'une des vastes forêts qui occupent le centre de la France, mon pays natal, il y a une chapelle, enfoncée si profondément dans la terre qu'elle semble décrépite de vieillesse. L'image de la sainte Vierge qui en décore l'autel s'appelle Notre-Dame-des-Lances-Rompues. Ce lieu est regardé dans toute la France comme le plus célèbre pour les aventures militaires. Quatre grandes routes se croisent devant la principale porte de cette chapelle, et toutes les fois qu'un bon chevalier passe par cet endroit, il entre dans la chapelle pour y faire ses dévotions, après avoir sonné trois fois du cor, de manière à ébranler et à faire résonner tous les arbres de la forêt. Il se met ensuite à genoux pour faire ses prières; et à peine a-t-il entendu la messe de Notre-Dame-des-Lances-Rompues, qu'il se trouve quelque aventureux chevalier prêt à satisfaire son désir de combattre. J'ai tenu ce poste un mois et plus contre tous venans, et tous se sont loués de la manière noble et courtoise dont je me suis comporté envers eux; — tous, excepté un, qui eut le malheur de tomber de cheval et de se casser le cou, et un autre qui fut percé de part en part, à tel point que ma lance toute sanglante lui sortait du dos de la longueur de trois pieds. Sauf ces accidens, qu'il n'est pas toujours facile d'éviter, mes adversaires ne me quittèrent jamais sans me remercier de la courtoisie que je leur avais montrée.

— Je conçois, sire chevalier, dit l'empereur, qu'un homme de votre stature et de votre courage doive trouver peu d'égaux parmi vos aventureux concitoyens, et encore moins parmi des hommes qui ont appris à penser que risquer sa vie dans des querelles sans raison, c'est se jouer en enfant d'un don fait par la providence.

— Vous êtes libre de penser ainsi, dit le Français d'un ton un peu méprisant; cependant je vous assure que vous nous faites la plus grande injustice, si vous supposez qu'il y avait dans nos combats le moindre mélange d'humeur et de colère. Nous n'avions pas le cœur plus joyeux en chassant, pendant la soirée, le cerf ou le sanglier, qu'en nous acquittant le matin de nos devoirs de chevalerie devant le portail de la chapelle.

— Vous ne jouirez pas, avec les Turcs, de cet échange amiable de courtoisie, répondit Alexis. C'est pourquoi je vous conseille de ne pas vous écarter beaucoup du centre de l'armée, mais de vous tenir près de votre étendard, qui est le but des efforts des plus vaillans Infidèles, et où les meilleurs chevaliers doivent se trouver pour les repousser.

— Par Notre-Dame-des-Lances-rompues, s'écria le croisé, je ne voudrais pas que les Turcs fussent plus courtois qu'ils ne sont chrétiens ; et je suis charmé que le nom d'infidèle et de chien de païen soit celui qui convienne aux meilleurs d'entre eux, comme étant également traîtres à Dieu et aux lois de la chevalerie. Je me flatte que je les rencontrerai au premier rang de notre armée, à côté de notre étendard ou partout ailleurs, et que j'aurai le champ libre pour combattre ces ennemis de Notre-Dame et des bienheureux saints, eux qui, par leurs coutumes perverses, sont encore plus particulièrement les miens. — Cependant, vous avez le temps de vous asseoir et de recevoir mon hommage, et je vous serai obligé d'expédier cette sotte cérémonie le plus vite qu'il sera possible.

L'empereur se remit à la hâte sur son trône, et reçut les mains nerveuses du croisé dans les siennes. Après que l'étranger eut prononcé la formule d'hommage, le comte Baudouin l'accompagna vers les vaisseaux, et paraissant charmer de le voir en chemin pour se rendre à bord, il retourna près de l'empereur.

— Quel est le nom de cet homme singulier et présomptueux ? lui demanda Alexis.

— C'est Robert, comte de Paris, répondit Baudouin, regardé comme un des pairs les plus braves qui entourent le trône de France.

Après un moment de réflexion, Alexis donna ordre que la cérémonie à laquelle cette journée avait été consacrée fût interrompue ; craignant peut-être que l'humeur brusque et insouciante de ces étrangers n'occasionât quelque nouvelle querelle. Les croisés ne furent pas très-fâchés d'être reconduits dans le palais où ils avaient déjà été accueillis avec hospitalité, et ils continuèrent le festin qui avait été interrompu quand ils avaient été appelés pour la prestation d'hommage. Les trompettes des différens chefs sonnèrent le rappel du peu de soldats qui étaient à leur suite, ainsi que des chevaliers et autres seigneurs, qui, satisfaits de l'accueil qui leur avait été préparé, et ayant un vague pressentiment que le passage du Bosphore serait le commencement de leurs souffrances véritables, se réjouissaient d'être retenus sur la rive.

On n'en avait probablement pas l'intention ; mais le héros, comme on pourrait l'appeler, de cette journée de tumulte, Robert, comte de Paris, qui était déjà en chemin pour s'embarquer sur le détroit, changea de dessein en entendant le son du rappel qui retentissait de toutes parts. Ni Bohémond, ni Godefroy, ni aucun de ceux qui prirent sur eux de lui expliquer ce signal, ne purent le faire renoncer à la résolution de retourner à Constantinople. Il sourit dédaigneusement en s'entendant menacer du mécontentement de l'empereur, et son visage exprimait qu'il éprouverait un plaisir particulier à braver Alexis à sa propre table, ou du moins que rien ne pouvait lui être plus indifférent que d'offenser ou non ce monarque.

Quoiqu'il montrât en général quelque respect à Godefroy de Bouillon, il fut loin d'avoir de la déférence pour lui en cette occasion ; ce prince sage, après avoir épuisé tous les argumens qui pouvaient le dissuader de retourner dans la ville impériale, au point de se faire avec lui une querelle personnelle, l'abandonna enfin à sa propre discrétion. Il le montra en passant au comte de Toulouse, et lui en parla comme du chevalier errant le plus fantasque, qui était incapable de suivre d'autres conseils que ceux de son imagination bizarre. — Il n'amène pas cinq cents hommes à la croisade, ajouta-t-il, et je ferais serment que, même en ce moment, à l'instant où notre expédition va réellement commencer, il ne sait ni où sont ces cinq cents hommes, ni comment on pourvoit à leurs besoins. Il a dans l'oreille une trompette éternelle qui sonne la charge, et dans aucun temps, ni dans aucun lieu, il ne peut entendre un appel plus pacifique et plus raisonnable. Voyez-le marcher là-bas! ne dirait-on pas un franc écolier s'élançant de son école un jour de congé, et animé moitié par la curiosité, moitié par l'envie de faire quelque espièglerie?

Et pourtant, dit Raymond, comte de Toulouse, il a assez de résolution pour soutenir seul notre hasardeuse entreprise. Néanmoins le comte Robert est un rodomont si prononcé qu'il compromettrait le succès de toute l'expédition plutôt que de sacrifier une occasion de rencontrer en champ clos un digne antagoniste, ou de perdre, comme il le dit, une chance de rendre hommage à Notre-Dame-des-Lances-Rompues. Mais quel est la personne qu'il vient de rencontrer, et qui marche ou plutôt qui erre avec lui en se rendant du côté de Constantinople?

— C'est un chevalier armé de toutes pièces, mais

dont la taille n'est pas tout-à-fait chevaleresque, répondit Godefroy. Je suppose que c'est la dame célèbre qui gagna le cœur de Robert dans un tournoi par une bravoure égale à la sienne; et la pèlerine en longue robe qui les accompagne, peut être leur fille ou leur nièce.

— C'est un singulier spectacle que notre temps nous présente, digne chevalier, reprit le comte de Toulouse; et l'on n'a rien vu de semblable depuis Gaita, femme de Robert Guiscard, qui sut se distinguer par des exploits de valeur dignes d'un homme et tenir tête à son époux sur le premier rang du champ de bataille aussi bien que dans la salle de bal ou de banquet.

— Il en est de même de ce couple, noble chevalier, dit un autre croisé qui venait de les joindre; mais que Dieu prenne pitié du pauvre homme qui n'a pas le moyen de maintenir la paix domestique en se montrant le plus fort!

— Eh bien! répondit Raymond, si c'est une réflexion un peu mortifiante de songer que la dame de nos pensées a perdu depuis long-temps la fraîcheur de la jeunesse, c'est une consolation de savoir qu'elle ne pourra pas du moins nous battre quand nous reporterons près d'elle le peu de jeunesse ou d'âge mûr que nous aura laissé une longue croisade. Mais allons, suivons la route de Constantinople derrière ce vaillant chevalier.

FIN DU TOME PREMIER.

Avis aux Souscripteurs aux OEuvres de sir Walter Scott, 84 volumes in-18, papier grand-jésus vélin ornés de 200 gravures.

Il a été publié une édition des OEuvres de JAMES FENIMORE COOPER *entièrement* conforme à l'édition de Walter Scott. Elle formera 39 volumes ornés du portrait de Cooper, et de 90 gravures.

Il paraît déjà 9 livraisons ou 27 volumes et 63 gravures.

Les livraisons 10, 11, 12 et 13 paraîtront successivement.

Le prix de la livraison, composée de 3 volumes et d'un atlas de 7 gravures, est de 12 francs.

www.ingramcontent.com/pod-product-compliance
Lightning Source LLC
Chambersburg PA
CBHW070645170426
43200CB00010B/2132